PARA ALGUÉM

ESPECIAL

....

PARA VOCÊ, UMA VIDA
PLENA E PRÓSPERA

"Quem confia no Senhor prosperará."
Provérbios 28:25

.................................., .../......../..........

Dados Internacionais de Catalogação na Publicação (CIP)
(eDOC BRASIL, Belo Horizonte/MG)

Franca, Cristiana.
F814e
Eu com Deus para uma vida plena e próspera: devocional diário / Cristiana Franca, Cristiano Franca. – São José dos Campos, SP: Ofício das Palavras, 2022.
251 p. : 16 x 23 cm

ISBN 978-65-86892-56-7

1. Literatura devocional. 2. Espiritualidade. 3. Vida cristã.
I.Franca, Cristiano. II. Título.
CDD 248.4

Produção Editorial: **Ofício das Palavras**
Produção de Texto e Revisão: **Ofício das Palavras**
Capa e diagramação: **Tatiane Lima**

INTRODUÇÃO

Apresentamos a você o *Devocional Diário - Eu com Deus – Vida Plena e Próspera*, a realização de um sonho, que chega com o propósito de contribuir para seu crescimento espiritual.

Diariamente você terá uma instrução do coração de Deus, por meio de cada versículo sobre paz, prosperidade, plenitude, promessa, abundância, fartura, riqueza, alegria e desfrute. Tudo o que você precisa para uma vida plena e próspera, será revelado em cada mensagem.

"Dar-te-ei os tesouros escondidos, e as riquezas encobertas, para que saibas que eu sou o SENHOR o Deus de Israel, que te chama pelo teu nome."

Isaías 45:3

Mais do que revelação das promessas, Ele quer te conduzir a realização de cada uma delas. Esse ano você vai viver de forma plena todas as promessas reveladas.

Está preparado? Essa é a hora de não perder tempo. A sua hora chegou, não duvide, esse ano será extraordinário e todas as promessas de Deus se cumprirão.

Deus não é homem para que minta, nem filho de homem para que se arrependa. Acaso ele fala, e deixa de agir? Acaso promete, e deixa de cumprir?

Números 23:19

O coração de Deus é uma fonte inesgotável de amor, bondade e graça que te alcança todos os dias. Ele anseia ministrar seu coração, tem pressa em transformar todas as áreas da sua vida. Ele quer conduzir você a um lugar de intimidade, refrigério, prosperidade e paz.

VIDA PLENA E PRÓSPERA

O que é ser pleno: Pleno é um adjetivo atribuído a algo ou a alguém que se apresenta completo, preenchido, repleto. Aquele que é cheio ou inteiro; não tem falta de nada. Os sinônimos para plenitude são: abundância, prosperidade, grandeza, riqueza, fartura, fortuna, que são atributos de Deus, Ele dá para todos os que querem e buscam Nele. Quando Jesus faz morada em nós, somos cheios da Sua presença e nada mais precisamos para nos preencher. Mas Ele me disse: ***"Minha graça é suficiente a você, pois o meu poder se aperfeiçoa na fraqueza". Portanto, eu me gloriarei ainda mais alegremente em minhas fraquezas, para que o poder de Cristo repouse em mim. 2 Coríntios 12:8-9***

Para falar de plenitude, é necessário aceitar a totalidade de quem Deus é.

Ele é a fonte de toda prosperidade, abundância e paz; só existe plenitude Nele. Estamos conectados a Ele, por isso podemos viver essa verdade.

Plenitude não vem pelo fato de ter coisas, mas de saber que temos um Deus pessoal, que nos ama, nos conhece desde o ventre da nossa mãe, nos chama pelo nome, já nos entregou tudo de mais precioso e continua disponível para nos abençoar com todas as Suas riquezas.

A abundância de Deus não é só provisão de comida e bens, Deus promete nos dar abundância de amor, paz e alegria. Ele é a fonte de toda a riqueza física e espiritual, Nele podemos ser plenos e prósperos.

Aos homens de todas nações, povos e línguas, que vivem no mundo inteiro: Paz e prosperidade sejam multiplicados!

Daniel 4:1

A prosperidade muitas vezes é vista como sinônimo de riqueza.

Porém, ela é muito mais abrangente, visto que está relacionada também ao bem-estar emocional, físico, psicológico e espiritual. Exatamente isso que Deus quer nos dar, plenitude em todas as dimensões da nossa vida.

*"Não cesses de falar deste livro,
antes, medita nele dia e noite, para
que tenhas o cuidado de fazer segundo
tudo quanto nele está escrito; então,
farás prosperar o seu caminho e serás
bem-sucedido em tudo".*

Josué 1.8

DEVOCIONAL DIÁRIO EU COM DEUS

Devocional é o nome que se dá ao momento do dia dedicado apenas para cuidar do seu relacionamento a sós com Deus.

É um período que separamos para meditar na Palavra, orar e adorar. É uma prática diária de devoção, para cultuar e consagrar um tempo exclusivo a Deus, desenvolvendo um relacionamento de intimidade com Ele.

Quando passamos um tempo a sós com Deus desfrutamos de uma comunhão que nos fortalece, nos ajuda a cultivar uma vida espiritual mais profunda, mais saudável com alegria e paz.

Pois o reino de Deus não diz respeito ao que comemos ou bebemos, mas a uma vida de justiça, paz e alegria no Espírito Santo.

Romanos 14:17

Eu com Deus, tempo que silenciamos a alma, simplesmente para ficar a sós com Deus; nesse tempo de intimidade e comunhão, aprendemos a ouvir Sua voz, entender qual a Sua boa vontade e qual caminho seguir.

Eu com Deus, uma conversa entre dois amigos, um fala outra escuta. Deus deseja ouvir você, leva você a sério e se interessa por sua vida; sua voz, seus sonhos são importantes para Ele, não se cale, converse com Deus; estar com Ele é uma escolha que, diariamente, precisamos fazer.

DICA: No momento do devocional, você pode refletir sobre os princípios que regem sua vida, quais são suas prioridades, como enfrentar as dificuldades, o que precisa mudar, como se comportar em determinadas situações. Estas e muitas outras questões que edificam sua vida podem ser levantadas durante o seu devocional diário.

Como fazer o devocional diário?

Não existe um padrão, ou uma forma correta, cada pessoa tem a sua intimidade com Deus. O importante é separar um tempo a sós com o Senhor que pode ser de cinco a 30 minutos; podem ser feitos no período da manhã ou à noite (o que for melhor para você). Muitos começam com a oração, outros com um louvor, não existe certo ou errado, vamos apresentar alguns passos que são imprescindíveis e vão ajudar na sua caminhada de intimidade com Deus.

Meditarei nos teus preceitos e darei atenção às tuas veredas.

Tenho prazer nos teus decretos; não me esqueço da tua palavra.

Salmo 15-16

O Devocional Diário - Eu com Deus será o seu guia para esse ano, nele você encontrará mais de 365 versículos para edificar e transformar a sua vida.

" Tu me mostrarás o caminho da vida e me darás a alegria de tua presença e o prazer de viver contigo para sempre."

Salmos 16:11

Para fazer o seu

DEVOCIONAL

e ter uma vida plena e próspera.

1. Defina um tempo específico do seu devocional (Ex: todos os dias, às sete da manhã)
2. Prepare o ambiente, para que fique acolhedor e confortável
3. Separe caderno, lápis, bíblias, todo material necessário
4. Coloque um louvor e adore, cante canções de amor a Deus
5. Faça sua oração: Confissões, agradecimentos e petições
6. Meditação (Silenciar a alma para ouvir Deus)
7. Medite em cada versículo e faça suas anotações
8. Faça sua declaração diária, mentalize e viva essa verdade
9. Estreite seu relacionamento com Deus, praticando cada versículo
10. Compartilhe seu devocional com outras pessoas

AGRADECIMENTO CRISTIANA

Dando graças constantemente a Deus Pai, por todas as coisas, em nome de nosso Senhor Jesus Cristo. Efésios 5:20

Agradeço ao Espírito Santo por toda a instrução, provisão na realização desse projeto.

Honro a vida do meu esposo Val que acredita em todos os meus sonhos e me ajuda na realização de todos eles. Sem você, eu não conseguiria. Gratidão por sua vida.

Agradeço aos meus filhos João Lucas e Júlia por entenderem e aceitarem o meu chamado, vocês me inspiram em tudo que sou e em tudo que faço.

Agradeço ao meu irmão Pr. Cristiano Franca, que aceitou o convite de escrever esse devocional comigo, estamos convictos que cada mensagem tocará a sua vida. Fizemos com todo nosso amor para você, acolha cada mensagem em seu coração.

Minha gratidão à minha família em especial ao meu irmão Vagner Franca e cunhada Yanne Montino que são alicerces do meu ministério.

Agradeço a todas as minhas amigas que vibram com cada conquista da minha vida, dessa vez não foi diferente, obrigada pelo apoio e incentivo de sempre.

Em especial, quero agradecer minha amiga Vânia Barreto pela parceria e por acreditar e me ajudar nesse projeto.

A você que estará comigo nesses 365 dias, fazendo cada dia valer a pena com o *Devocional Eu Com Deus*. Receba meu carinho!

A todos vocês, gratidão por tudo.

Seguimos firmes por uma vida plena e próspera com Deus.

AGRADECIMENTO PR. CRISTIANO FRANCA

Agradeço ao Deus da minha vida que foi companhia durante cada devocional, em cada palavra, este livro tem contribuição de várias pessoas. Gostaria de agradecer à minha esposa Antonieta Franca pelo estímulo, apoio e compreensão. Sou grato por meus filhos Bárbara e Miguel Kaio que também participaram desde o início deste livro.

Sou grato à minha irmã Cristiana Franca pela parceria e entusiasmo ao compartilhar esse projeto, ao meu irmão Vagner Franca e minha cunhada Yanne Montino que têm sido incentivadores do nosso ministério.

Agradeço à Igreja Batista Manancial que durante o ano de 2022 tem comungado dos nossos sonhos no ministério pastoral. Por fim, a todos que oram por nós e que vão receber uma palavra vinda do coração de Deus através das escrituras e da exposição da palavra.

Adquira o livro *Sustentabilidade*

EU, VOCÊ E A IGREJA

Redes sociais dos autores

@cristianafrancaaa

@pr.cristianofranca

A bênção do Senhor traz riqueza, e não inclui dor alguma. Provérbios 10:22. Aos homens de todas as nações, povos e línguas, que vivem no mundo inteiro: paz e prosperidade!

Daniel 4:1

JANEIRO

DECLARAÇÃO PARA

JANEIRO

Eu escolho a PROSPERIDADE

Faça sua declaração:

01. JANEIRO

Farei de você uma grande nação, abençoar-te-ei e engrandecerei o teu nome; tu serás uma bênção. E abençoarei os que te abençoarem, e amaldiçoarei os que te amaldiçoarem; em ti serão benditas todas as famílias da terra.

Gênesis 12:2-3

Assim como na vida de Abraão Deus tem um plano específico para sua vida, de fazê-lo prosperar para que você seja abençoada para abençoar. Tudo que você recebe de Deus é para ser compartilhado. Olhe para dentro de você, como abençoar a vida de alguém hoje? Faça isso,

VOCÊ NASCEU PARA ABENÇOAR E SER ABENÇOADO.

Aplicação na minha vida
Hoje eu vou...

Oração:

Agradecimento:

02. JANEIRO

Semeou Isaque naquela mesma terra, e colheu naquele mesmo ano cem medidas, porque o Senhor o abençoava.

Gênesis 26:12

Estamos no início do ano, momento oportuno para fazermos nossa lista de sonhos. Entre o sonho e a realização existe um passo imprescindível que é plantar a semente. Não existe colheita sem plantação... O que você vai plantar hoje para colher no final do ano? Faça sua lista.

E APRESENTE A DEUS PARA QUE ELE PROSPERE A SUA SEMENTE.

Aplicação na minha vida
Hoje eu vou...

Oração:

Agradecimento:

03. JANEIRO

O Senhor estava com José, de modo que este prosperou e passou a morar na casa do seu senhor egípcio.

Gênesis 39:2

A vida de José é marcada por pressão e processos, tudo para um propósito. Assim é sua vida! Você precisa acreditar que o Senhor está com você, e por esse motivo você prosperará em tudo que fizer, assim como aconteceu com José.

"O SEU POUCO COM DEUS É TUDO, E SEU TUDO SEM DEUS É NADA".

Aplicação na minha vida

Hoje eu vou...

Oração:

Agradecimento:

04. JANEIRO

"Sou servo de Abraão", explicou. "O Senhor abençoou grandemente, o meu senhor; ele se tornou um homem rico. O Senhor lhe deu rebanhos de ovelhas e bois uma fortuna em prata e ouro, camelos e jumentos.

Gênesis 24:34,3

A benção do Senhor será tão grande na sua vida que outras pessoas testificarão a seu respeito. Você se tornará uma referência, como alguém que alcançou o favor de Deus. O coração de Deus se move em sua direção, pare de correr e deixe Ele te alcançar.

ELE TEM ALGO NOVO E ESPECIAL PARA VOCÊ.

Deuteronômio 28.11-14

Aplicação na minha vida

Hoje eu vou...

Oração:

Agradecimento:

05. JANEIRO

Vocês ainda estarão comendo da colheita armazenada no ano anterior, quando terão que se livrar dela para dar espaço para a nova colheita.

Levítico 26:10

Ano novo, estamos no momento certo para fazermos aquela limpeza e tirar tudo velho, tudo que não serve mais, que não faz mais sentido e está lá há anos e você não se permite eliminar. O tempo chegou e a hora é agora! Se livre da colheita anterior para dar espaço ao novo, tem novidade de

DEUS CHEGANDO PARA VOCÊ.

Aplicação na minha vida

Hoje eu vou...

Oração:

Agradecimento:

06. JANEIRO

Isaque prosperou e se tornou rico e influente. Até que se tornou muito poderoso.

Gênesis 26:13

Por muito tempo foi ensinado que ser rico não era para os cristãos. Mas o que a palavra diz sobre Abraão, Isaque, Jacó, José, Jó e outros? Mateus 6:21. Onde está o seu tesouro? Que não esteja nem na riqueza e nem na pobreza, mas no Senhor Jesus. Seja rico e influente

COM O CORAÇÃO VOLTADO PARA JESUS.

Aplicação na minha vida

Hoje eu vou...

Oração:

Agradecimento:

07. JANEIRO

"Se vocês seguirem os meus decretos e obedecerem aos meus mandamentos e praticar, eu lhes darei chuva na estação certa, e a terra dará a sua colheita e as árvores do campo darão o seu fruto."

Levítico 26:3-4

Obediência é igual a milagre. É melhor obedecer a Deus do que oferecer-Lhe as melhores ovelhas como sacrifício. 1 Samuel 15:2.

Com os seus filhos Deus quer

RELACIONAMENTO E INTIMIDADE.

Aplicação na minha vida

Hoje eu vou...

Oração:

Agradecimento:

08. JANEIRO

O Senhor é a minha luz e a minha salvação; de quem terei temor? O Senhor é o meu forte refúgio; de quem terei medo?

Salmos 27:1

Vivemos em uma sociedade com medo, da rejeição, do julgamento, da enfermidade, de tudo e de todos, e nos esquecemos da palavra que diz: Porque a seus anjos Ele dará ordens a seu respeito, para que o protejam em todos os seus caminhos. Salmos 91:11. Por que não confiamos nessa palavra?

HOJE VOCÊ VAI JOGAR FORA TODO MEDO!

Aplicação na minha vida

Hoje eu vou...

Oração:

Agradecimento:

09. JANEIRO

Que o Senhor, o Deus dos seus antepassados, os multiplique mil vezes mais e os abençoe, conforme lhes prometeu!

Deuteronômio 1:11

Como é bom receber promessas daquele que tudo pode, tudo tem e todas coisas obedece ao comando da sua voz. Basta uma palavra e toda a sua história muda para sempre. Hoje essa palavra de multiplicação

CHEGA ATÉ VOCÊ.

Aplicação na minha vida

Hoje eu vou...

Oração:

Agradecimento:

10. JANEIRO

O Senhor, pois, é aquele que vai adiante de ti; ele será contigo, não te deixará, nem te desamparará; não temas, nem te espantes.

Deuteronômio 31:8

Às vezes olhamos para trás e nos sentimos sós, olhamos a situações que parecem ser intransponíveis e temos medo. Colocamos os olhos nas circunstâncias e perdemos a esperança. Vim te dizer: Não tenha medo, Deus nunca deixará você! Eleve seus olhos para o

MONTE E DE LÁ VIRÁ O SEU SOCORRO.

Salmos 121.1

Aplicação na minha vida

Hoje eu vou...

Oração:

Agradecimento:

11. JANEIRO

Os teus testemunhos tenho eu tomado por herança para sempre, pois é alegria para o meu coração.

Salmo 119:111

Um coração com alegria é mais forte, mais preparado para enfrentar os desafios da vida. A alegria é um sentimento de satisfação interior. E um dos sentimentos mais puros, junto a Deus, ela se torna ainda melhor, nos transmitindo

PLENITUDE QUE SÓ EXISTE COM ELE!

Aplicação na minha vida
Hoje eu vou...

Oração:

Agradecimento:

12. JANEIRO

"Tu, ó Jeová, és meu ajudador e consolador." —

Salmo 86:17.

Qualquer pessoa pode receber a ajuda e consolo de Deus. "Acheguem-se a Deus, e Ele se achegará a vocês." Tiago 4:8. Ele não se cansa de nos consolar: Assim como a mãe consola o seu filho, assim continuarei a consolar vocês. Isaías 66:12, 13. Deixe Ele consolar você, pare

UM POUCO CONTE TUDO A ELE ABRA SEU CORAÇÃO.

Aplicação na minha vida
Hoje eu vou...

Oração:

Agradecimento:

13. JANEIRO

O Senhor nos ordenou que obedecêssemos a todos estes decretos e que temêssemos o Senhor, o nosso Deus, para que sempre fôssemos bem-sucedidos e preservados em vida, como hoje se pode ver.

Deuteronômio 6:24

O temor do SENHOR é o princípio da sabedoria... Provérbios 9:10. A sabedoria é o caminho para a vida bem-sucedida. Se algum de vocês tem falta de sabedoria, peça-a a Deus, que a todos dá livremente. Peça-a, com fé, sem duvidar, aquele que duvida é semelhante à onda

DO MAR, LEVADA E AGITADA PELO VENTO.

Tiago 1:5-8

Aplicação na minha vida

Hoje eu vou...

Oração:

Agradecimento:

14. JANEIRO

Tenham o cuidado de obedecer toda a lei que eu hoje lhes ordeno, para que vocês vivam, multipliquem-se e tomem posse da terra que o Senhor prometeu, com juramento, aos seus antepassados.

Deuteronômio 8:1

Moisés lembra ao povo; o Senhor te guardou, te abençoou, mas tenham cuidado de obedecer aos estatutos que eu hoje lhes ordeno. Que esse lembrete seja na nossa vida hoje, que jamais esqueçamos das bênçãos que o

SENHOR JÁ FEZ E CONTINUARÁ A FAZER POR NÓS.

Aplicação na minha vida

Hoje eu vou...

Oração:

Agradecimento:

15. JANEIRO

Mas, lembrem-se do Senhor, do seu Deus, pois é Ele que lhes dá a capacidade de produzir riqueza, confirmando a aliança que jurou aos seus antepassados, conforme hoje se vê.

Deuteronômio 8:18

Capacidade de produzir riqueza, que coisa extraordinária! Deus nos capacita com dons e talentos para serem utilizados para glória dele e para a nossa prosperidade. Deus quer que você utilize seus dons para construir a sua riqueza. Tudo em você está

CONECTADO A FONTE DA ABUNDÂNCIA QUE É DEUS.

Aplicação na minha vida
Hoje eu vou...

Oração:

Agradecimento:

16. JANEIRO

"Em tudo o que fiz, mostrei a vocês que mediante trabalho árduo devemos ajudar os fracos, lembrando as palavras do próprio Senhor Jesus, que disse: 'Há maior felicidade em dar do que em receber' ".

Atos 20:35

Deus prospera os generosos, como está escrito em Provérbios 11:25: "A alma generosa engordará, e o que regar também será regado." A generosidade é um princípio estabelecido por Deus. Se você for generoso, experimentará a bênção de Deus em toda a sua vida.

PRATIQUE A GENEROSIDADE, QUEM VOCÊ PODERIA AJUDAR HOJE?

Aplicação na minha vida
Hoje eu vou...

Oração:

Agradecimento:

17. JANEIRO

Se vocês obedecerem fielmente ao Senhor e seguirem todos os seus mandamentos o Senhor, os colocará muito acima de todas as nações. Estas bênçãos virão sobre vocês e os acompanharão, vocês serão abençoados no campo ou na cidade.

Deuteronômio 28:1-3

A obediência está diretamente relacionada com o amor. Se amamos a Deus, obedecemos aos seus mandamentos. Se vemos a Deus como nosso Pai e acreditamos que Ele sabe o que é melhor para nós, devemos obedecer tudo o que Ele tem para nós

E ASSIM PROSPERAREMOS.

Aplicação na minha vida

Hoje eu vou...

Oração:

Agradecimento:

18. JANEIRO

Ele ama a justiça e o juízo; a terra está cheia da bondade do Senhor.

Salmo 33:5

Você já sentiu um vazio na alma, como se algo estivesse faltando? Como seres espirituais temos uma alma que precisa ser preenchida. Vigie para que o inimigo não tente preencher o vazio da sua alma com coisas que não seja o Senhor. Que a justiça e a bondade

PREENCHAM A SUA VIDA POR COMPLETO.

Aplicação na minha vida

Hoje eu vou...

Oração:

Agradecimento:

19. JANEIRO

O Senhor lhes concederá grande prosperidade, no fruto do seu ventre, nas crias dos seus animais e nas colheitas da sua terra, nesta terra que ele jurou aos seus antepassados que daria a vocês.

Deuteronômio 28:11

Podemos confiar nessas promessas, Ele nos prometeu Jesus e nos deu, prometeu o Espirito Santo e nos deu, hoje nos promete prosperidade e nós dará. Aquele que nem mesmo o seu próprio Filho poupou, antes O entregou por todos nós, como não nos dará também com Ele todas as coisas? Mt 8:32

O QUE VOCÊ PRECISA? PEÇA QUE ELE TE DARÁ.

Aplicação na minha vida

Hoje eu vou...

Oração:

Agradecimento:

20. JANEIRO

E não nos cansemos de fazer o bem, pois no tempo próprio colheremos, se não desanimarmos.

Gálatas 6:9

Quer uma vida plena e próspera? Então vamos semear boas sementes e esperar com paciência o tempo da colheita. Pois a promessa é que certamente colheremos se não houvermos desfalecido. Continue firme em fazer o

BEM SEM OLHAR A QUEM.

Aplicação na minha vida

Hoje eu vou...

Oração:

Agradecimento:

21. JANEIRO

Sigam fielmente os termos desta aliança, para que vocês prosperem em tudo o que fizerem.

Deuteronômio 29:9

Como é maravilhoso ter uma aliança com Aquele que é fiel, aqueles que são fiéis alcançam prosperidade em tudo que fizerem. Você tem uma aliança eterna com seu Criador?

REESTABELEÇA SUA ALIANÇA E VIVA A PLENITUDE QUE ELE TEM PARA VOCÊ.

Aplicação na minha vida

Hoje eu vou...

Oração:

Agradecimento:

22. JANEIRO

E disse Deus: Façamos o homem à nossa imagem, conforme a nossa semelhança; e domine sobre os peixes do mar, e sobre as aves dos céus, e sobre o gado, e sobre toda a terra, e sobre todo o réptil que se move sobre a terra.

Gênesis 1:26

O homem foi criado à imagem e semelhança de Deus. Isto significa que o homem é parecido com Deus é portador de Sua imagem e carrega em seu DNA, atributos do próprio Deus.

VOCÊ NASCEU PARA DOMINAR E GOVERNAR NÃO ABRA MÃO DESSA VERDADE.

Aplicação na minha vida

Hoje eu vou...

Oração:

Agradecimento:

23. JANEIRO

O Senhor, o seu Deus, abençoará o que as suas mãos fizerem, os filhos do seu ventre, a cria dos seus animais e as colheitas da sua terra. O Senhor se alegrará novamente em vocês e os tornará prósperos, como se alegrou em seus antepassados.

Deuteronômio 30:8-9

Deus te ama! Te chama hoje para ser abençoado para abençoar outras pessoas. Podemos abençoar outros de várias maneiras: com palavras, com um abraço, ouvindo sem julgar...

O QUE VOCÊ PODERÁ FAZER HOJE PARA AJUDAR ALGUÉM?

Aplicação na minha vida

Hoje eu vou...

Oração:

Agradecimento:

24. JANEIRO

"Agora ouçam! Hoje lhes dou a escolha entre a vida e a morte, entre a prosperidade e a calamidade. Se obedecerem ac mandamentos; viverão e se multiplicarão, Senhor, seu Deus, abençoará vocês.

Deuteronômio 30:15-

Escolher quer dizer preferir, selecionar, optar. Somos responsáveis por nossas ações, elas determinam o nosso futuro e onde passaremos a eternidade. Por isso atenção, não tome nenhuma decisão quando estiver com dúvida, na dúvida ore a Deus e peça a direção certa.

TODA ESCOLHA DEIXA MARACAS ETERNAS.

Aplicação na minha vida

Hoje eu vou...

Oração:

Agradecimento:

25. JANEIRO

Somente seja forte e corajoso! Obedeça a lei que o meu servo Moisés lhe ordenou; não se desvie dela, nem para a direita nem para a esquerda, para que você seja bem-sucedido por onde quer que ande.

Josué 1:7

Se precisar de mais coragem para enfrentar alguma situação difícil, peça a Deus e confie. Ouça a voz do seu Pai dizendo: Eu confio em você, somente seja forte e corajoso, não pare;

EU ESTOU COM VOCÊ.

Aplicação na minha vida

Hoje eu vou...

Oração:

Agradecimento:

26. JANEIRO

Não deixe de falar as palavras deste Livro da Lei e de meditar nelas de dia e de noite, para que você cumpra fielmente tudo o que nele está escrito. Só então os seus caminhos prosperarão e você será bem-sucedido.

Josué 1:8

Não existe prosperidade fora da fonte da vida que é Deus, Ele traz existência ao que não existe para sua vida. Mas esse processo passa por alguns passos: fale do princípio, medite no princípio, cumpra o princípio e você será próspero e bem-sucedido.

A VIDA PLENA QUE ELE PLANEJOU CHEGARÁ ATÉ VOCÊ.

Aplicação na minha vida

Hoje eu vou...

Oração:

Agradecimento:

27. JANEIRO

Eu lhe darei um coração mais sábio da terra não haverá ninguém como você. Também lhe darei riquezas e fama; de forma que não haverá rei igual a você durante toda a sua vida. Se você andar nos meus caminhos como o seu pai Davi, eu prolongarei a sua vida".

I Reis 3:12-14

O que você sente quando lê essa mensagem? Você acredita que essa palavra é para sua vida? Ou foi algo específico para uma pessoa do passado e não pode se repetir nos dias atuais? Tiago 1:5 diz: Se alguém não tem sabedoria, peça-a a Deus, Ele dá e o não lança em rosto...

PEÇA E ASSIM SERÁ.

Aplicação na minha vida
Hoje eu vou...

Oração:

Agradecimento:

28. JANEIRO

O Senhor é a minha luz e a minha salvação; de quem terei temor? O Senhor é o meu forte refúgio; de quem terei medo?

Salmos 27

É natural ter medo, podemos ter duas reações perante o medo: 1. Deixar que ele nos domine 2. Entregar tudo a Deus e descansar. Diante da adversidade peça coragem a Deus e confie no seu amor. "Busquei o Senhor, e Ele respondeu; livrou-me de todos os meus medos e temores."

Salmos 34:4.

FAÇA COMO O SALMISTA.

Aplicação na minha vida
Hoje eu vou...

Oração:

Agradecimento:

29. JANEIRO

Riqueza e a honra vêm de ti; tu dominas sobre todas as coisas. Nas tuas mãos estão a força e o poder para exaltar e dar força a todos.

I Crônicas 29:12

Quem são todos? A Bíblia diz que se somos filhos de Deus, logo também somos seus herdeiros, e co-herdeiros com Cristo (Romanos 8:17). Os filhos têm direito a uma herança por causa de sua união com Cristo. Riqueza e honra vem do Pai e Ele quer dar a você filho/filha.

VOCÊ ACEITA A ALIANÇA COM CRISTO PARA PODER USUFRUIR DA SUA RIQUEZA?

Aplicação na minha vida
Hoje eu vou...

Oração:

Agradecimento:

30. JANEIRO

Sabedoria e conhecimento te são dados; te darei riquezas, bens e honra, quais não teve nenhum rei antes de ti, e nem depois de ti haverá.

II Crônicas 1:12

Dar honra a alguém significa estimar, valorizar e respeitar essa pessoa. Honrar significa não tratar como comum. Em primeiro lugar, devemos dar honra a Deus, porque Ele é digno. Honrar nossos pais, amigos e todos que estiverem a nosso redor.

QUEM SEGUE A JUSTIÇA E A LEALDADE ENCONTRA VIDA, JUSTIÇA E HONRA.
Provérbios 21:21

Aplicação na minha vida
Hoje eu vou...

Oração:

Agradecimento:

31. JANEIRO

Levanta-te, pois, porque te pertence este negócio, e nós seremos contigo; esforça-te, e age com coragem.

Esdras 10:4

Ser corajoso é nunca desistir de uma luta, mesmo sabendo que vai ser difícil conquistar a vitória. É não virar as costas, mesmo quando todos à sua volta já fugiram. Aqueles que acreditam e confiam em Deus têm o melhor motivo para ficarem encorajados: o Senhor nunca abandona os Seus filhos. Se você ainda não venceu, não

DESANIME: A VITÓRIA ESTÁ CHEGANDO!

Aplicação na minha vida

Hoje eu vou...

Oração:

Agradecimento:

Deixo a paz a vocês; a minha paz dou a vocês. Não a dou como o mundo a dá. Não se perturbe o seu coração, nem tenham medo.

João 14:27

FEVEREIRO

DECLARAÇÃO PARA
FEVEREIRO

Eu escolho a PAZ

Faça sua declaração:

....

....

....

....

....

....

....

....

....

....

....

....

....

....

....

01. FEVEREIRO

O Deus dos céus é o que nos fará prosperar: e nós, seus servos, nos levantaremos e edificaremos; mas vós não tendes parte, nem justiça, nem memória em Jerusalém.

Neemias 2:20

A confiança de Neemias está no Senhor, assim também temos que agir com fé e confiança em Deus, ainda que se levante contra nós oposição. Seremos bem-sucedidos

SE AGIRMOS COM FÉ E DETERMINAÇÃO.

Aplicação na minha vida

Hoje eu vou...

Oração:

Agradecimento:

02. FEVEREIRO

Porque deu-se a buscar a Deus nos dias de Zacarias, que era entendido nas visões de Deus; e nos dias em que buscou ao Senhor, Deus o fez prosperar.

II Crônicas 26:5

O segredo de uma vida vitoriosa com plenitude

E PROSPERIDADE É BUSCAR A FACE DO SENHOR.

Aplicação na minha vida

Hoje eu vou...

Oração:

Agradecimento:

03. FEVEREIRO

E toda a obra que começou no serviço da casa de Deus, e na lei, e nos mandamentos, para buscar a seu Deus, ele a fez de todo o seu coração, e prosperou.

II Crônicas 31:21

Uma vida plena só é possível se seguirmos

FIELMENTE A PALAVRA DO SENHOR, COMO FEZ EZEQUIAS.

Aplicação na minha vida

Hoje eu vou...

Oração:

Agradecimento:

04. FEVEREIRO

Possuía Ezequias muitíssimas riquezas e glória; construiu depósitos para guardar prata, ouro, pedras preciosas, especiarias, escudos e todo tipo de objetos de valor.

II Crônicas 32:27

Deus prosperou Ezequias em todas as áreas de sua vida! Quando buscamos o Senhor atraímos benção sobre nós.

Deus tem vida plena e próspera para todos

QUANTOS DESEJAM VIVER EM OBEDIÊNCIA.

Aplicação na minha vida

Hoje eu vou...

Oração:

Agradecimento:

05. FEVEREIRO

Também construiu armazéns para estocar trigo e azeite; fez estábulos para seus rebanhos e para as ovelhas. Construiu cidades, Deus lhe dera muitas riquezas.

II Crônicas 32:28,29

O Senhor é a prosperidade que precisamos, no

SENHOR TEMOS VIDA PLENA E ABUNDANTE.

Aplicação na minha vida
Hoje eu vou...

Oração:

Agradecimento:

06. FEVEREIRO

"Aqueles que semeiam com lágrimas, com cantos de alegria colherão. Aquele que sai chorando enquanto lança a semente, voltará com cantos de alegria, trazendo os seus feixes."

(Salmos 126:5-6)

Até os tempos mais difíceis passam. A alegria de Deus sempre vence. Creia no

SENHOR, ESSAS LUTAS VÃO PASSAR!

Aplicação na minha vida
Hoje eu vou...

Oração:

Agradecimento:

07. FEVEREIRO

"Sujeite-se a Deus, fique em paz com ele, e a prosperidade virá a você."

Jó 22:21

Quando nos arrependemos dos nossos pecados, o Senhor se volta para nós

E MUDA NOSSA SORTE.

Aplicação na minha vida

Hoje eu vou...

Oração:

Agradecimento:

08. FEVEREIRO

Se Lhe obedecerem e o servirem, serão prósperos até o fim dos seus dias e terão contentamento nos anos que lhes restam.

Jó 36:

Jó achava que Deus estava ignorando o seu sofrimento, mas Deus mantém os olhos nos justos e, por fim muda as circunstâncias os levanta do monte de cinzas e os coloca no trono,

ASSIM É O QUE DEUS TEM PARA VOCÊ, VIDA PLENA.

Aplicação na minha vida

Hoje eu vou...

Oração:

Agradecimento:

09. FEVEREIRO

E o Senhor virou o cativeiro de Jó, quando orava pelos seus amigos; e o Senhor acrescentou, em dobro, a tudo quanto Jó antes possuía. E assim abençoou o Senhor o último estado de Jó, mais do que o primeiro

Jó 42:10,12

Jó acabou recebendo em dobro tudo que tinha antes. Morrer depois de uma vida longa e plena, como aconteceu com Jó, é o objetivo de todas as pessoas. Por mais longa que a nossa vida possa ser, permitir que

DEUS A TORNE PLENA PODE SER NOSSO OBJETIVO MAIS DIGNO.

Aplicação na minha vida
Hoje eu vou...

Oração:

Agradecimento:

10. FEVEREIRO

Aquele que tem o seu prazer na lei do Senhor, e na sua lei medita de dia e de noite. Será como a árvore plantada junto a ribeiros de águas, a qual dá o seu fruto no seu tempo; as suas folhas não cairão, e tudo quanto fizer prosperará.

Salmos 1:1

A pessoa descrita aqui tinha alegria porque atendeu às condições estabelecidas.

Se quisermos uma vida plena de alegre em Deus, também devemos

CUMPRIR AS CONDIÇÕES.

Aplicação na minha vida
Hoje eu vou...

Oração:

Agradecimento:

11. FEVEREIRO

Pois tu, Senhor, abençoas o justo; o teu favor o protege como um escudo.

Salmos 5:12

O resultado da nossa comunhão com o Senhor

DEVE SER DE PAZ, ALEGRIA E CERTEZA DE PROTEÇÃO.

Aplicação na minha vida

Hoje eu vou...

Oração:

Agradecimento:

12. FEVEREIRO

O Senhor é o meu pastor; nada me faltará.

Salmos 23:

Jesus é suficiente em todas as circunstâncias

E NECESSIDADES, EM JESUS TEMOS PAZ, VIDA PLENA.

Aplicação na minha vida

Hoje eu vou...

Oração:

Agradecimento:

13. FEVEREIRO

Qual é o homem que teme ao Senhor?
Este lhe ensinará o caminho que deve escolher.
Ele permanecerá em prosperidade, e a sua descendência herdará a terra.

Salmos 25:12-13

Saber que o Senhor tem um plano para nossa vida, e que esse plano é o melhor para nós, deveria nos dar

GRANDE ALEGRIA E PAZ ENQUANTO BUSCAMOS SUA VONTADE.

Aplicação na minha vida

Hoje eu vou...

Oração:

Agradecimento:

14. FEVEREIRO

Salva-nos, Senhor! Nós imploramos.
Faze-nos prosperar, Senhor! Nós suplicamos.

Salmos 118:25

Jesus é a nossa salvação, Ele sempre vem quando o buscamos de todo nosso coração, e nos salva de toda aflição prosperando diante

DAS ADVERSIDADES QUE ENFRENTAMOS.

Aplicação na minha vida

Hoje eu vou...

Oração:

Agradecimento:

15. FEVEREIRO

Deleita-te também no Senhor, e ele te concederá o que deseja o teu coração. Entrega o teu caminho ao Senhor; confia Nele e Ele tudo fará.

Salmos 37:4-5

Se verdadeiramente nos agradarmos do Senhor, o maior desejo de nosso coração será conhecê-lo melhor para que possamos ter ainda mais prazer nele, e o Senhor satisfará esse desejo.

DESEJE MAIS DE DEUS. ENTREGA O TEU CAMINHO AO SENHOR.

Aplicação na minha vida

Hoje eu vou...

Oração:

Agradecimento:

16. FEVEREIRO

Descansa no Senhor, e espera Ele; não te indignes por causa daquele que prospera em seu caminho, por causa do homem que executa astutos intentos.

Salmos 37:

Aquieta a tua alma no Senhor, fique tranquilo pois não temos o controle das situações, o

CONTROLE É DO SENHOR, DESCANSE O SEU CORAÇÃO NELE.

Aplicação na minha vida

Hoje eu vou...

Oração:

Agradecimento:

17. FEVEREIRO

Mas os mansos herdarão a terra, e se deleitarão na abundância de paz.

Salmos 37:11

Do Senhor recebemos a promessa, e podemos

DESFRUTAR DA SUA PLENITUDE E PAZ.

Aplicação na minha vida

Hoje eu vou...

Oração:

Agradecimento:

18. FEVEREIRO

O Senhor conhece os dias dos íntegros, e a herança deles permanecerá para sempre.

Salmos 37:18-19

Temos uma promessa do cuidado de Deus para

ESSA VIDA, E TAMBÉM PARA ETERNIDADE.

Aplicação na minha vida

Hoje eu vou...

Oração:

Agradecimento:

19. FEVEREIRO

Pois aqueles que são abençoados pelo Senhor herdarão a terra, mas aqueles que são por ele amaldiçoados serão exterminados.

Salmos 37:22

Feliz é aqueles que o Senhor escolheu para abençoar, a esses é dado o

PRIVILÉGIO DE DESFRUTAR DA SUA HERANÇA.

Aplicação na minha vida

Hoje eu vou...

Oração:

Agradecimento:

20. FEVEREIRO

Espera no Senhor, e segue o seu caminh e Ele te exaltará para herdares a terra; tu O verás quando os ímpios forem exterminados.

Salmos 37:

O Senhor, o Juiz Supremo, sabe como livrar os justos das testemunhas mentirosas e dos juízes que recebem subornos.

ESPERE A EXALTAÇÃO QUE VEM DO SENHOR.

Aplicação na minha vida

Hoje eu vou...

Oração:

Agradecimento:

21. FEVEREIRO

Não temas quando alguém se enriquece, quando a glória da sua casa aumenta. Para você ganhar o outro não precisa perder.

Salmos 49:16 61.

Não se impressione ao ver outros enriquecendo, comprando casas maiores, carros novos. Quando morrerem, tudo será deixado para trás e, por fim perderá o valor. Se somos mordomos fiéis daquilo que Deus nos deu,

RIQUEZAS ETERNAS JAMAIS DESVANECERÃO.

Aplicação na minha vida

Hoje eu vou...

Oração:

Agradecimento:

22. FEVEREIRO

Não confieis na opressão, nem vos vanglorieis na rapina; se as vossas riquezas aumentarem, não ponhais nelas o coração.

Salmos 62:10

A nossa confiança é no Senhor, Ele tem vida plena e paz para os que depositam Nele a sua fé,

NÃO ESTAMOS FIRMADOS EM COISAS, RIQUEZAS OU STATUS.

Aplicação na minha vida

Hoje eu vou...

Oração:

Agradecimento:

23. FEVEREIRO

Coroas o ano com a tua bondade, fartura verte as pastagens do deserto, e as colinas se veste de alegria. Os campos se revestem de rebanhos e os vales se cobrem de trigo; eles exultam e cantam de alegria!

Salmos 65:11-13

Deus se revela ao seu povo por sua bondade e generosidade, provendo todas coisas, e se revela a todos que o buscam.

DEVEMOS OBEDECER A DEUS E VIVER AS SUAS PROMESSAS ENQUANTO VIVERMOS.

Aplicação na minha vida

Hoje eu vou...

Oração:

Agradecimento:

24. FEVEREIRO

Deixaste que os inimigos cavalgassem sobre a nossa cabeça; passamos pelo fogo e pela água, mas a um lugar de fartura abundância nos trouxeste.

Salmos 66

Podemos passar pela água e pelo fogo e sair aperfeiçoados. Vamos ter que enfrentar os desafios nessa vida, mas com a certeza que não

NOS FALTARÁ A COMPANHIA DO SENHOR TRAZENDO PAZ E VIDA PLENA.

Aplicação na minha vida

Hoje eu vou...

Oração:

Agradecimento:

25. FEVEREIRO

Você comerá do fruto do seu trabalho, e será feliz e próspero.

Salmos 128:2

O Senhor nos capacita com força e coragem para trabalhar e adquirir riquezas.

SEM A BÊNÇÃO DO SENHOR TODO NOSSO ESFORÇO É EM VÃO.

Aplicação na minha vida

Hoje eu vou...

Oração:

Agradecimento:

26. FEVEREIRO

Porquanto o Senhor Deus é sol e escudo; o Senhor dará graça e glória; não negará bem algum aos que andam na retidão. Ó Senhor dos exércitos, bem-aventurado o homem que em ti põe a sua confiança.

Salmos 84:11-12

Deus não nos atende com tudo que queremos, mas nos concede tudo que é bom para nós, tudo aquilo que precisamos.

FELIZ É AQUELE QUE CONFIA NO SENHOR, POR ISSO NOS DELEITAMOS NELE.

Aplicação na minha vida

Hoje eu vou...

Oração:

Agradecimento:

27. FEVEREIRO

Os justos florescerão como a palmeira, crescerão como o cedro no Líbano. Estão plantados na casa do Senhor, florescerão nos átrios do nosso Deus. Na velhice ainda darão frutos, serão viçosos e florescentes.

Salmos 92:12-14

Os ímpios podem parecer com árvores profundas, mas não duram, o justo

COMO ÁRVORE VIGOROSA, DARÁ SEU FRUTO E PROSPERARÁ.

Aplicação na minha vida
Hoje eu vou...

Oração:

Agradecimento:

28. FEVEREIRO

O seu começo parecerá modesto, mas o seu futuro será de grande prosperidade.

Jó 8:

Assim como na vida de Jó, o Senhor vai prosperar os seus dias de vida.

CREIA NISSO.

Aplicação na minha vida
Hoje eu vou...

Oração:

Agradecimento:

Coroas o ano com a tua bondade, e por
onde passas emana fartura; fartura
vertem as pastagens do deserto, e as
colinas se vestem de alegria.

Salmos 65:11-12

MARÇO

DECLARAÇÃO PARA

MARÇO

Eu escolho a BONDADE

Faça sua declaração:

....

....

....

....

....

....

....

....

....

....

....

....

....

....

....

01. MARÇO

E fez sair os israelitas com prata e ouro, e entre as suas tribos não havia quem tropeçasse.

Salmos 105:37

Em Deus, você encontrará a segurança que precisa. Ele é infinitamente maior que todos os seus medos, inseguranças e pecados. Com Ele você não tropeçará e viverá em perfeita paz. "Em paz me deito e logo adormeço, pois só tu,

SENHOR, FAZ-ME VIVER EM SEGURANÇA".

Salmos 4:8

Aplicação na minha vida

Hoje eu vou...

Oração:

Agradecimento:

02. MARÇO

"Venham a mim, todos os que estão cansados e sobrecarregados, e eu darei descanso a vocês. Tomem sobre vocês o meu jugo e aprendam de mim, pois sou manso e humilde de coração, e vocês encontrarão descanso para as suas almas."

Mateus 11:28-29

Entregue o seu fardo a Deus e descanse. O descanso é algo criado por Deus, aproveite essa dádiva. Descansar não é sinal de fraqueza é sinal de sabedoria.

PERMITA SEU TEMPO DE DESCANSO!

Aplicação na minha vida

Hoje eu vou...

Oração:

Agradecimento:

03. MARÇO

Deus levanta os pobres do pó e tira da miséria os necessitados. Ele faz com que os pobres sejam companheiros dos príncipes e os põe em lugares de honra.

1 Samuel 2:8

A pobreza está relacionada à carência de bens materiais. Existe também a condição de pobreza espiritual (Apocalipse 3:17) que se resume em uma vida desconectada de Deus. Hoje Deus entrega honra aqueles que se veem

COMO NECESSITADOS E DEPENDENTES DELE.

Aplicação na minha vida

Hoje eu vou...

Oração:

Agradecimento:

04. MARÇO

Abençoará os que temem ao Senhor, tanto pequenos como grandes. O Senhor vos aumentará cada vez mais, a vós e a vossos filhos.

Salmos 115:13-14

Todos os homens, pequenos e grandes precisam da provisão de Deus, Se você clamar, poderá ver o poder de Deus atuando na sua vida,

SEJA QUAL FOR A SUA SITUAÇÃO!

Aplicação na minha vida

Hoje eu vou...

Oração:

Agradecimento:

05. MARÇO

Ó Senhor, nós te pedimos, envia-nos a prosperidade. Salva-nos, Senhor! Nós imploramos. Faze-nos prosperar, Senhor! Nós suplicamos.

Salmos 118:25

Que essa seja a oração do seu coração. Fale em alta voz três vezes com alegria no coração: Senhor que a tua plenitude e prosperidade

SEJA SOBRE MINHA VIDA HOJE E PARA SEMPRE, AMÉM!

Aplicação na minha vida

Hoje eu vou...

Oração:

Agradecimento:

06. MARÇO

Bem-aventurado todo aquele que teme ao Senhor e anda nos seus caminhos. Pois comerás do trabalho das tuas mãos; feliz serás, e te irá bem.

Salmos 128:1-2

Ser feliz, com certeza esse é o seu sonho, queremos garantir a você, a felicidade existe e é totalmente possível ser feliz. Escolher a felicidade! "Descobri que não há nada melhor para o homem do

QUE SER FELIZ E PRATICAR O BEM ENQUANTO VIVE".

Eclesiastes 3:12.

Aplicação na minha vida

Hoje eu vou...

Oração:

Agradecimento:

07. MARÇO

Protege-me como à menina dos teus olhos; esconde-me à sombra das tuas asas.

Salmos 17:8

O Salmo 17 é atribuído a Davi. O rei clama a Deus por proteção diante da perseguição, talvez esse seja você hoje. Você é protegida (o) de Deus, salvos por Ele!

"SE ELE CUIDA DOS LÍRIOS DO CAMPO, QUANTO MAIS A MENINA DOS SEUS OLHOS QUE É VOCÊ".

Lucas 12:27-30

Aplicação na minha vida

Hoje eu vou...

Oração:

Agradecimento:

08. MARÇO

Perto está o Senhor de todos os que O invocam, de todos os que O invocam em verdade. Ele cumpre o desejo dos que O temem; ouve o seu clamor, e os salva.

Salmos 145:18,19

Muitas vezes nos sentimos distantes de Deus, temos a sensação de que estamos falando sozinhos. Essa percepção está alinhada com a experiência do momento e não de fato com quem Deus é.

ELE ESTÁ SEMPRE PERTO E DESEJA CUMPRIR O CLAMOR DOS QUE O BUSCAM.

Aplicação na minha vida

Hoje eu vou...

Oração:

Agradecimento:

09. MARÇO

ilho meu, não te esqueças da minha lei, e teu coração guarde os meus mandamen-. Porque eles aumentarão os teus dias e te acrescentarão anos de vida e paz.

Provérbios 3:1,2

Paz em meio ao caos é possível quando colocamos nossa força e esperança no Deus que tudo pode. Diante das aflições declare: Eu tenho plenitude e paz no espírito! "Eu disse essas coisas para que em mim vocês tenham paz. Neste mundo vocês terão aflições; contudo,

TENHAM ÂNIMO! EU VENCI O MUNDO".

João 16:33

Aplicação na minha vida

Hoje eu vou...

Oração:

Agradecimento:

10. MARÇO

Honra o Senhor com os teus bens, e com as primícias de toda a tua renda; assim se encherão de fartura os teus celeiros, e trasbordarão de mosto os teus lagares.

Provérbios 3:9-10

O verbo "honrar" significa "distinguir, fazer diferença". Muito mais do que dízimos e ofertas o Senhor espera que O honremos com o que temos de mais precioso; que é a nossa vida.

ENTREGUE O SEU CAMINHO AO SENHOR; CONFIE NELE, E ELE AGIRÁ.

Salmos 37:5

Aplicação na minha vida

Hoje eu vou...

Oração:

Agradecimento:

11. MARÇO

Como é feliz o homem que acha a sabedoria, que obtém entendimento, pois a sabedoria é mais proveitosa do que a prata e rende mais do que o ouro.

Provérbios 3:13

Existe uma busca desenfreada por ouro e prata, qual o propósito dessa busca? Por que as pessoas se perdem em busca de coisas passageiras? A sabedoria te conduzirá à resposta que você precisa. A sabedoria trará paz,

ALEGRIA E FELICIDADE; ISSO OURO NÃO COMPRA.

Aplicação na minha vida

Hoje eu vou...

Oração:

Agradecimento:

12. MARÇO

Eu amo aos que me amam, e os que diligentemente me buscam me acharão Riquezas e honra estão comigo; sim, riquezas duráveis e justiça.

Provérbios 8

Você ama o Senhor? Você tem dúvidas sobre o seu amor por Ele? Não tem problema! O que você não pode é duvidar do amor de Deus por você. Ele ama você incondicionalmente

RETRIBUA ESSE AMOR FAZENDO O QUE AGRADA AO SEU CORAÇÃO.

Aplicação na minha vida

Hoje eu vou...

Oração:

Agradecimento:

13. MARÇO

As mãos preguiçosas empobrecem o homem, porém as mãos diligentes lhe trazem riqueza.

Provérbios 10:4

Diligência é interesse ou cuidado aplicado na execução de uma tarefa; zelo. Urgência ou presteza em fazer alguma coisa. Quer riqueza? Comece pela execução do princípio da diligência;

"FAÇA TUDO COMO SE FOSSE PARA O SENHOR"!

Colossenses 3:23

Aplicação na minha vida

Hoje eu vou...

Oração:

Agradecimento:

14. MARÇO

A bênção do Senhor é que enriquece; e não acrescenta dor alguma.

Provérbios 10:22

Como saber se estamos alinhando com a vontade de Deus? A resposta é simples; quando Deus está na direção o seu coração fica em paz e o resultado não traz dores.

SE SEU CORAÇÃO ESTÁ EM PAZ, SIGA FIRME!

Aplicação na minha vida

Hoje eu vou...

Oração:

Agradecimento:

15. MARÇO

Meu filho, não se esqueça da minha lei, mas guarde no coração os meus mandamentos, pois eles prolongarão a sua vida por muitos anos e lhe darão prosperidade e paz.

Provérbios 3:1-2

Somos seres complexos por natureza, queremos respostas rebuscadas, mas na maioria das vezes o que funciona mesmo é o simples. A instrução simples pode ser melhor compreendida e assim mais fácil de ser executada. Quer ter vida longa com paz e prosperidade?

OBEDEÇA MEUS MANDAMENTOS QUE SÃO SIMPLES.

Aplicação na minha vida

Hoje eu vou...

Oração:

Agradecimento:

16. MARÇO

Um dá liberalmente, e se torna mais rico; outro retém mais do que é justo, e se empobrece.

Provérbios 11:24

A generosidade é um tesouro precioso. Esse atributo é perfeitamente visto na forma como Deus nos trata, Ele nos deu seu Filho Jesus, com Ele nos dá todas as coisas para a nossa existência e muito mais do que precisamos.

O GENEROSO SEMPRE TEM PARA DAR.

Aplicação na minha vida

Hoje eu vou...

Oração:

Agradecimento:

17. MARÇO

Quando se faz justiça, o justo se alegra, mas os malfeitores se apavoram.

Provérbios 21:15

A justiça é uma das características de Deus. Ele se alegra com o justo e abomina a injustiça.

HOJE É O DIA DE VOCÊ FAZER JUSTIÇA POR ALGUÉM E ALEGRAR SEU CORAÇÃO.

Aplicação na minha vida

Hoje eu vou...

Oração:

Agradecimento:

18. MARÇO

O generoso prosperará; quem dá alívio aos outros, alívio receberá.

Provérbios 11:25

É verdade que vivemos num mundo de traição e ingratidão. Muitas vezes, as pessoas pagam o bem com o mal, mas o princípio continua sendo o mesmo. Se você for generoso, receberá a recompensa de sua generosidade.

NÃO ABRA MÃO DE SER GENEROSO, NINGUÉM PERDE POR SER BOM.

Aplicação na minha vida

Hoje eu vou...

Oração:

Agradecimento:

19. MARÇO

O infortúnio persegue o pecador, mas a prosperidade é a recompensa do justo.

Provérbios 13:21

Ser justo é praticar a justiça, características de Deus. Ele se alegra com o justo e abomina a injustiça. "Aprendam a fazer o bem! Busquem a justiça, acabem com a opressão.

LUTEM PELOS DIREITOS DO ÓRFÃO, DEFENDAM A CAUSA DA VIÚVA.

Isaías 1:17

Aplicação na minha vida

Hoje eu vou...

Oração:

Agradecimento:

20. MARÇO

"E isto afirmo: aquele que semeia pouco, pouco também ceifará; e o que semeia com fartura com abundância também ceifará"

2 Coríntios 9:6

A Lei da Semeadura é um princípio que você precisa praticar. Essa lei tem impacto sobre todas as áreas da sua vida: familiar, profissional, financeira e espiritual. Não desista de plantar;

"E não nos cansemos de fazer o bem, porque a seu

TEMPO CEIFAREMOS, SE NÃO DESFALECERMOS"

Gálatas 6:9.

Aplicação na minha vida

Hoje eu vou...

Oração:

Agradecimento:

21. MARÇO

ntrega o teu caminho ao Senhor; confia le, e Ele tudo fará. E Ele fará sobres-ir a tua justiça como a luz; e o teu juízo, como o meio-dia.

Salmo 37:5-6

"Entrega o teu caminho ao Senhor" significa transferir todas as suas preocupações e controle para Deus. Esse é o conselho do salmista para você, coloca sua confiança no Senhor na certeza da providência.

VOCÊ PODE FAZER ISSO HOJE?

Aplicação na minha vida

Hoje eu vou...

Oração:

Agradecimento:

22. MARÇO

"Feliz é quem confia no SENHOR. É como árvore plantada junto ao rio, com raízes que se estendem até as correntes de água. Não se incomoda com o calor, e suas folhas continuam verdes. Não teme a seca, e nunca deixa de produzir frutos."

Jeremias 17:7-8

Felicidade e prosperidade batem à sua porta hoje. "O que atenta prudentemente para a essa palavra prosperará; e feliz é aquele que confia no Senhor". Provérbios 16:20. A palavra é a única verdade que pode transformar a sua vida, confia e você será como uma planta perto das

ÁGUAS QUE NUNCA DEIXA DE PRODUZIR BONS FRUTOS.

Aplicação na minha vida

Hoje eu vou...

Oração:

Agradecimento:

23. MARÇO

O que adquire a sabedoria é amigo de si mesmo; o que guarda o entendimento prosperará.

Provérbios 19:8

Guardar a mente e o coração de toda a escassez para que toda a promessa de prosperidade se cumpra na sua vida. Declare:

EU TENHO SABEDORIA, EU SOU PRÓSPERA (O) A PLENITUDE DE DEUS HABITA EM MIM.

Aplicação na minha vida

Hoje eu vou...

Oração:

Agradecimento:

24. MARÇO

A herança que no princípio é adquirida pressas, não será abençoada no seu fim

Provérbios 2C

Confia no Senhor e não apresse o seu processo, plante e deixe o fruto

NASCER NA SUA ESTAÇÃO PRÓPRIA.

Aplicação na minha vida

Hoje eu vou...

Oração:

Agradecimento:

25. MARÇO

Os planos bem elaborados levam à fartura; mas o apressado sempre acaba na miséria.

Provérbios 21:5

O mundo tem pressa, todos querem as coisas para ontem, estão todos correndo sem saber para onde estão indo. Mas essa não é você! Hoje é dia de parar, planejar os seus passos para que sejam firmes e

CONSTANTES EM DIREÇÃO À FARTURA QUE SEU CORAÇÃO DESEJA.

Aplicação na minha vida

Hoje eu vou...

Oração:

Agradecimento:

26. MARÇO

Quem esconde os seus pecados não prospera, mas quem os confessa e os abandona encontra misericórdia.

Provérbios 28:13

O maior erro do ser humano é errar pagar o preço e continuar errando. Quer ter uma vida plena e prospera?

ABANDONE O ERRO E FAÇA O CERTO COM DILIGÊNCIA.

Aplicação na minha vida

Hoje eu vou...

Oração:

Agradecimento:

27. MARÇO

O ganancioso provoca brigas, mas quem confia no Senhor prosperará.

Provérbios 28:25

Podemos confiar no Senhor, Ele é eterno e não muda. Só em Deus podemos ter confiança total. "Alguns confiam em carros e outros em

CAVALOS, MAS NÓS CONFIAMOS NO NOME DO SENHOR".

Salmos 20:7-8

Aplicação na minha vida

Hoje eu vou...

Oração:

Agradecimento:

28. MARÇO

Quando Deus concede riquezas e bens a alguém, e o capacita a desfrutá-los, a aceitar a sua sorte e a ser feliz em seu trabalho, isso é um presente de Deus.

Eclesiastes 5:19-20

O desfrute é um presente de Deus para a sua vida. Se você não está conseguindo usufruir da recompensa do seu trabalho apresente-se a Deus em oração agora; é desejo de Deus que

VOCÊ DESFRUTE DE TODAS AS BÊNÇÃOS QUE ELE TEM ENVIADO ATÉ VOCÊ.

Aplicação na minha vida

Hoje eu vou...

Oração:

Agradecimento:

29. MARÇO

O Senhor é bom, um refúgio em tempos de angústia. Ele protege os que nele confiam,

Naum 1:7

Confiar em Deus é a atitude mais acertada que o homem pode ter. Isto porque essa confiança nos dá segurança, alegria e força para enfrentar qualquer desafio que esteja a nossa frente. Confie em Deus, esteja fundamentada na palavra

E NÃO EM SENTIMENTOS E EMOÇÕES MOMENTÂNEAS.

Aplicação na minha vida

Hoje eu vou...

Oração:

Agradecimento:

30. MARÇO

Esta é a confiança que temos ao nos aproximarmos de Deus: se pedirmos alguma coisa de acordo com a vontade de Deus, ele nos ouvirá.

I João 5:14

Muitas vezes, a oração não respondida não é sobre a relutância de Deus em responder, mas tem a ver com pedidos feitos com motivos errados ou perspectiva limitada. Orar em nome de Jesus significa pedir de acordo com Sua

VONTADE PARA QUE O PAI SEJA GLORIFICADO NO FILHO

João 14:13.

Aplicação na minha vida

Hoje eu vou...

Oração:

Agradecimento:

31. MARÇO

. Aquele que é capaz de fazer infinitamente mais do que tudo o que pedimos ou pensamos, de acordo com o seu poder que atua em nós.

Efésios 3:20

Os sonhos de Deus são maiores e melhores que os seus, que a sua oração seja por alinhamento dos sonhos de Deus com os seus sonhos. Deus sempre tem mais

PARA VOCÊ, ALINHE OS SEUS SONHOS A ESSA VERDADE.

Aplicação na minha vida

Hoje eu vou...

Oração:

Agradecimento:

Consagre ao Senhor tudo o que você faz, e
os seus planos serão bem-sucedidos.

Provérbios 16:3

Tudo o que fizerem, façam de todo o coração,
como para o Senhor, e não para os homens.

Colossenses 3:23

ABRIL

DECLARAÇÃO PARA
ABRIL

Eu escolho REALIZAR

Faça sua declaração:

....

....

....

....

....

....

....

....

....

....

....

....

....

....

....

01. ABRIL

Se vocês estiverem dispostos a obedecer, comerão os melhores frutos desta terra;

Isaías 1:19.

O que você prefere, obedecer ou sacrificar? Obedecer a Deus sempre

SERÁ A MELHOR OPÇÃO, PARA UMA VIDA PLENA E CHEIA DE GRAÇA.

Aplicação na minha vida

Hoje eu vou...

Oração:

Agradecimento:

02. ABRIL

Dar-te-ei os tesouros escondidos, e as riquezas encobertas, para que saibas que eu sou o Senhor, o Deus de Israel, que te chama pelo teu nome.

Isaías 45:3

Que bom saber que Deus já cuidava de nós mesmo antes de termos nascido, e que o fará até envelhecermos.

EM DEUS TEMOS VIDA PRÓSPERA, DESCANSA E CONFIA NELE.

Aplicação na minha vida

Hoje eu vou...

Oração:

Agradecimento:

03. ABRIL

Inclinai os vossos ouvidos, e vinde a mim; ouvi, e a vossa alma viverá; porque convosco farei uma aliança perpétua, dando-vos as firmes beneficências de Davi.

Isaías 55:3

O convite é estendido a todos e não apenas alguns especiais. "Jesus respondeu quem beber desta água terá sede outra vez, ao contrário, a água que Lhe der se tornará Nele uma fonte de água a jorrar para a vida eterna. Jo 4:13-14.

DEUS DESEJA TER COM VOCÊ UMA ALIANÇA ETERNA.

Aplicação na minha vida

Hoje eu vou...

Oração:

Agradecimento:

04. ABRIL

Então o verás, e serás iluminado, e o teu coração estremecerá e se alargará; porque a abundância do mar se tornará a ti, e as riquezas dos gentios virão a ti.

Isaías 60

O Senhor nos trará a prosperidade, mesmo em dias difíceis a ajuda virá de onde não esperamos. Deus proverá

RIQUEZAS MATERIAIS E ESPIRITUAIS EM SUA VIDA.

Aplicação na minha vida

Hoje eu vou...

Oração:

Agradecimento:

05. ABRIL

Porém vós sereis chamados sacerdotes do Senhor, e vos chamarão ministros de nosso Deus; comereis a riqueza dos gentios, e na sua glória vos gloriareis.

Isaías 61:6,7

Jesus nos libertou da escravidão, hoje podemos desfrutar de Sua benção, de Sua plenitude, graça sobre graça.

APROVEITE AO MÁXIMO PARA VIVER A LIBERDADE QUE NOS FOI GARANTIDA.

Aplicação na minha vida
Hoje eu vou...

Oração:

Agradecimento:

06. ABRIL

Em lugar da vossa vergonha tereis dupla honra; e em lugar da afronta exultareis na vossa parte; por isso na sua terra possuirão o dobro, e terão perpétua alegria.

Jeremias 9:23,24

Deus tem prazer nas pessoas que praticam bondade, justiça e retidão, gente que conhece e teme o Seu nome.

O SENHOR TEM VIDA PLENA PARA OS QUE O TEMEM E OBEDECEM.

Aplicação na minha vida
Hoje eu vou...

Oração:

Agradecimento:

07. ABRIL

O homem que obtém riquezas por meios injustos é como a perdiz que choca ovos que não pôs. Quando a metade da sua vida tiver passado, elas o abandonarão, e, no final, ele se revelará um tolo.

Jeremias 17:11

Jeremias citou um provérbio conhecido sobre a perdiz, que choca ovos que não botou e, depois, é abandonada pelos filhotes, uma ilustração da riqueza que abandonou os abastados que a adquiriram injustamente.

DE QUE ADIANTARIA A RIQUEZA QUANDO VIESSE O JULGAMENTO?

Aplicação na minha vida

Hoje eu vou...

Oração:

Agradecimento:

08. ABRIL

Ele será como uma árvore plantada jun às águas e que estende as suas raízes pa o ribeiro. Ela não temerá quando chega o calor; porque as suas folhas estão semp verdes; não ficará ansiosa no ano da sec nem deixará de dar fruto".

Jeremias 1

A incredulidade torna a vida um deserto ressequido; por outro lado, a fé torna um pomar frutífero. É como árvore plantada à beira de águas correntes: Da fruto no tempo certo e suas folhas não murcham. Tudo que ele faz prospera!

NÃO É O CASO DOS ÍMPIOS! SÃO COMO PALHA QUE O VENTO LEVA.

Aplicação na minha vida

Hoje eu vou...

Oração:

Agradecimento:

09. ABRIL

Não se glorie o sábio na sua sabedoria, nem se glorie o forte na sua força; não se glorie o rico nas suas riquezas. Glorie-se em me entender e me conhecer. Eu sou o Senhor, que faço beneficência, juízo e justiça na terra.

Jeremias 9:23

Se queremos uma vida próspera, é necessário confiar no Senhor e na força do seu poder.

QUE A SUA GLÓRIA SEJA CONHECER E VIVER O SEU AMOR.

Aplicação na minha vida

Hoje eu vou...

Oração:

Agradecimento:

10. ABRIL

Porque eu bem sei os pensamentos que penso de vós, diz o Senhor; pensamentos de paz e não de mal, para vos dar o fim que esperais.

Jeremias 29:11

Essa passagem de Jeremias 29:11 - é um dos versículos mais conhecidos da Bíblia devido à sua maravilhosa promessa de paz e esperança para o nosso futuro. O objetivo maior de Deus é dirigir nossas

VIDAS COM PROPÓSITOS DE RESTAURAÇÃO, COMUNHÃO E PLENITUDE NELE.

Aplicação na minha vida

Hoje eu vou...

Oração:

Agradecimento:

11. ABRIL

Portanto, ó rei, aceita o meu conselho, e põe fim aos teus pecados, praticando a justiça, e às tuas iniquidades, usando de misericórdia com os pobres, pois, talvez se prolongue a tua tranquilidade.

Daniel 4:27

Daniel tinha um "portanto" em sua mensagem. Ele estava pedindo arrependimento e queria que o rei mudasse de atitude e abandonasse os seus pecados e colocasse sua fé no Deus vivo e verdadeiro.

SE QUEREMOS O MELHOR DE DEUS PRECISAMOS NOS ARREPENDER E VOLTAR PARA ELE.

Aplicação na minha vida

Hoje eu vou...

Oração:

Agradecimento:

12. ABRIL

Assim Daniel prosperou durante os rein dos de Dario e de Ciro, o persa.

Daniel 6:

Daniel tem uma mensagem para você que hoje está sendo atacado pelo inimigo e sofrendo por causa da sua posição em justiça. Estejamos enfrentando a fornalha ardente ou o leão que ruge estamos sob o cuidado do Senhor, Ele

CUMPRIRÁ OS SEUS PROPÓSITOS DIVINOS PARA SUA GLÓRIA.

Aplicação na minha vida

Hoje eu vou...

Oração:

Agradecimento:

13. ABRIL

Vocês comerão até ficarem satisfeitos, e louvarão o nome do Senhor, o seu Deus, que fez maravilhas em favor de vocês; nunca mais o meu povo será humilhado.

Joel 2:26

"Nunca mais o meu povo será humilhado". O Senhor quer

MUDAR A TUA SORTE E TE FAZER PROSPERAR.

Aplicação na minha vida

Hoje eu vou...

Oração:

Agradecimento:

14. ABRIL

"Dias virão", declara o SENHOR, "em que a ceifa continuará até o tempo de arar, e o pisar das uvas até o tempo de semear. Vinho novo gotejará dos montes e fluirá de todas as colinas."

Amós 9:13

Deus abençoará a terra e o seu povo, e seu povo viverá em paz e segurança.

SERÁ UM TEMPO DE PAZ E PROSPERIDADE PARA A GLÓRIA DO SENHOR.

Aplicação na minha vida

Hoje eu vou...

Oração:

Agradecimento:

15. ABRIL

E destruirei os carros de Efraim e os cavalos de Jerusalém, e o arco de guerra será destruído; e ele anunciará paz às nações; e o seu domínio se estenderá de um mar a outro mar e desde o rio até às extremidades da terra.

Zacarias 9:10

Quando Jesus voltar, ele anunciará paz eterna, mas enquanto estivermos

AQUI ELE CUIDARÁ DE NÓS E NOS PROTEGERÁ NO DIA MAU.

Aplicação na minha vida

Hoje eu vou...

Oração:

Agradecimento:

16. ABRIL

Não acumulem para vocês tesouros na terra, onde a traça e a ferrugem destro em, e onde os ladrões arrombam e furtam Mas acumulem para vocês tesouros no céu Pois onde estiver o seu tesouro, aí també estará o seu coração.

Mateus 6:19-

Em nenhum momento Jesus engrandeceu a pobreza ou criticou os meios legítimos de obter riquezas. Deus fez todas as coisas, inclusive ouro e prata e outras preciosidades, e declarou que tudo que fez era bom. O Senhor sabe do que precisamos, porém, o

MATERIALISMO ESCRAVIZA A MENTE E CORAÇÃO.

Aplicação na minha vida

Hoje eu vou...

Oração:

Agradecimento:

17. ABRIL

Busquem, pois, em primeiro lugar o Reino de Deus e a sua justiça, e todas essas coisas lhes serão acrescentadas.

Mateus 6:33

Se tivermos a verdadeira justiça de Cristo em nossa vida, então teremos uma atitude adequada com

RELAÇÃO À RIQUEZA MATERIAL.

Aplicação na minha vida

Hoje eu vou...

Oração:

Agradecimento:

18. ABRIL

Se vocês, apesar de serem maus, sabem dar boas coisas aos seus filhos, quanto mais o Pai de vocês, que está nos céus, dará coisas boas aos que Lhe pedirem!

Mateus 7:11

Deus supre as necessidades de seus

FILHOS E FAZ PROSPERAR.

Aplicação na minha vida

Hoje eu vou...

Oração:

Agradecimento:

19. ABRIL

Quem é fiel no pouco, também é fiel no muito, e quem é desonesto no pouco, também é desonesto no muito. Assim, se vocês não forem dignos de confiança em lidar com as riquezas deste mundo ímpio, quem lhes confiará as verdadeiras riquezas?

Lucas 16:10,11

Jesus exige integridade, devoção total a Deus, colocando-o em primeiro lugar em tudo.

VIDA PLENA É VIVER EM FIDELIDADE A DEUS.

Aplicação na minha vida

Hoje eu vou...

Oração:

Agradecimento:

20. ABRIL

E sabemos que todas as coisas contribuem juntamente para o bem daqueles que amam a Deus, daqueles que são chamados segundo o seu propósito.

Romanos 8:28

Essa promessa é para aqueles que amam Deus, os que são

CHAMADOS A SEREM FILHOS DE DEUS.

Aplicação na minha vida

Hoje eu vou...

Oração:

Agradecimento:

21. ABRIL

Aquele que nem mesmo a seu próprio Filho poupou, antes O entregou por todos nós, como não nos dará também com Ele todas as coisas?

Romanos 8:32

Se Deus cuida dos pássaros e das ovelhas, e até mesmo dos lírios, certamente cuidará de nós.

DEUS CONCEDE TODAS AS COISAS EM ABUNDÂNCIA AOS QUE LHE PERTENCEM.

Aplicação na minha vida

Hoje eu vou...

Oração:

Agradecimento:

22. ABRIL

E Deus é poderoso para tornar abundante em vós toda graça, a fim de que, tendo sempre, em tudo, toda suficiência, superabundeis em toda boa obra.

2 Coríntios 9:8

"Dai, e dar-se-vos-á" Lucas 6:38, essa foi a promessa que Jesus fez e continua valendo nos dias de hoje. "A boa medida recalcada" que ele usa para nos dar

NEM SEMPRE É EM DINHEIRO OU BENS MATERIAIS.

Aplicação na minha vida

Hoje eu vou...

Oração:

Agradecimento:

23. ABRIL

E digo isto: Que o que semeia pouco, pouco também ceifará; e o que semeia em abundância em abundância também ceifará.

2 Coríntios 9:6

O agricultor que planta muitas sementes terá mais chances de obter uma colheita maior; o investidor que põe uma grande quantia de dinheiro nos fundos remunerados dos bancos certamente terá mais lucros. Como também quanto mais investimos na obra do Senhor,

MAIS "FRUTOS" TEREMOS EM ABUNDÂNCIA.

Aplicação na minha vida

Hoje eu vou...

Oração:

Agradecimento:

24. ABRIL

O meu Deus, segundo as suas riquezas, suprirá todas as vossas necessidades em glória, por Cristo Jesus.

Filipenses 4:19

Deus suprirá todas as suas necessidades. Vocês repartirão na pobreza, mas o Senhor

SUPRIRÁ SUAS NECESSIDADES COM AS RIQUEZAS DELE, NA GLÓRIA.

Aplicação na minha vida

Hoje eu vou...

Oração:

Agradecimento:

25. ABRIL

Aos ricos deste mundo que não sejam altivos, nem ponham a esperança na incerteza das riquezas, mas em Deus, que abundantemente nos dá todas as coisas para delas gozarmos;

1 Timóteo 6:17

Se a riqueza enche a pessoa de orgulho, essa pessoa não entende nem a si mesma nem a sua riqueza. Não somos donos de nossos bens; somos administradores. Se temos riqueza, é pela bondade de Deus, e não por

ALGUM MÉRITO ESPECIAL DA NOSSA PARTE.

Aplicação na minha vida
Hoje eu vou...

Oração:

Agradecimento:

26. ABRIL

Amado, desejo que te vá bem em todas as coisas, (Plenitude e prosperidade) e que tenhas saúde, assim como bem vai a tua alma.

3 João 1:2

A saudação do apóstolo João pode ser uma sugestão de que o querido amigo não estava bem, o apóstolo orava pela restauração da saúde, uma vida plena também consiste em estar bem com o corpo, mente e fazer o bem aos necessitados.

QUEM VOCÊ VAI ABENÇOAR HOJE?

Aplicação na minha vida
Hoje eu vou...

Oração:

Agradecimento:

27. ABRIL

O ladrão não vem senão a roubar, a matar e a destruir; eu vim para que tenham vida e a tenham com abundância.

João 10:10

A vida em abundância da qual Jesus fala é muito mais preciosa do que todas as riquezas deste mundo. Seu propósito é enriquecer aqueles que Lhe pertencem. Quando Jesus promete uma vida abundante Ele está prometendo uma vida em que há graça,

AMOR, ALEGRIA, PAZ E SEGURANÇA EM ABUNDÂNCIA.

Aplicação na minha vida

Hoje eu vou...

Oração:

Agradecimento:

28. ABRIL

Confie ao Senhor tudo que você faz, e seus planos serão bem-sucedidos. Prósperos e abundantes.

Provérbios 16:3

Consagre ao Senhor tudo que você faz, e os

SEUS PLANOS SERÃO BEM-SUCEDIDOS.

Aplicação na minha vida

Hoje eu vou...

Oração:

Agradecimento:

29. ABRIL

Vocês me procurarão e me acharão quando me procurarem de todo o coração. Eu me deixarei ser encontrado por vocês, declara o Senhor.

Jeremias 29:12

Deus faz um convite permanente para um relacionamento mais profundo com Ele, está

DISPONÍVEL PARA TODOS QUE O PROCURAM.

Aplicação na minha vida
Hoje eu vou...

Oração:

Agradecimento:

30. ABRIL

"Porque Dele, e por meio Dele, e para Ele são todas as coisas. A Ele, pois, a glória eternamente. Amém!"

Romanos 11:36

Adoramos Aquele que é a nossa vida, a essência de tudo o que somos e fazemos.

A ELE A GLÓRIA PARA TODO O SEMPRE AMÉM!

Aplicação na minha vida
Hoje eu vou...

Oração:

Agradecimento:

Mas o fruto do Espírito é amor, ale-
gria, paz, paciência, amabilidade, bon-
dade, fidelidade, mansidão e domínio
próprio. Contra essas coisas não há lei.

Gálatas 5:22-23

MAIO

DECLARAÇÃO PARA

MAIO

Eu escolho MANSIDÃO

Faça sua declaração:

....

....

....

....

....

....

....

....

....

....

....

....

....

....

....

01. MAIO

Eu lhe darei tesouros escondidos na escuridão, sim, riquezas secretas. Farei so para que saiba que eu sou o Senhor, o Deus de Israel, que chama você pelo nome.

Isaías 45:3

Aquilo que está escondido em secreto, o Senhor irá revelar a você, a prosperidade chegará até você, o propósito maior é que o Nome do Senhor seja glorificado e todos saibam que Ele é o Deus da sua vida. Fique atenta (o) aos

SINAIS DE RIQUEZAS SECRETAS QUE VIRÃO ATÉ VOCÊ, ORE A DEUS POR ESSA REVELAÇÃO.

Aplicação na minha vida

Hoje eu vou...

Oração:

Agradecimento:

02. MAIO

Guarda, pois, as palavras desta aliança e as cumpra, para que prospere em tudo o que faz.

Deuteronômio 29:9

Não somente algumas coisas, mas "tudo" o Senhor deseja multiplicar na sua vida. Faça agora uma aliança com Deus dizendo: "Pai, eu aceito o sacrifício de Jesus confesso-o como meu Salvador. Recebo o teu Espírito Santo para transformar-me na pessoa que tu desejas

QUE EU SEJA, EM NOME DE JESUS, AMÉM!"

Aplicação na minha vida

Hoje eu vou...

Oração:

Agradecimento:

03. MAIO

Mando-te hoje que ames o Senhor, que andes em seus caminhos, observes seus mandamentos e seus preceitos, para que vivas e te multipliques, que o Senhor te abençoe na terra em que vais entrar para possuí-la.

Deuteronômio 30:16

Deus escolheu amar você, isso é uma dádiva. Por mais que tentamos nunca amaremos como Ele ama, mas existe uma instrução de como deve ser esse amor. Mateus 22:37 – Respondeu Jesus: "Ame o Senhor, o seu Deus de todo o seu

CORAÇÃO, DE TODA A SUA ALMA E DE TODO O SEU ENTENDIMENTO".

Aplicação na minha vida

Hoje eu vou...

Oração:

Agradecimento:

04. MAIO

Os humildes possuirão a terra e viverão em paz e prosperidade.

Salmos 37

O humilde reconhece que não é melhor e nem maior que ninguém. Nada façam por ambição egoísta ou por vaidade, mas humildemente considerem os outros superiores a vocês. Filipenses 2:3.

COMO VOCÊ VAI PRATICAR ESSA INSTRUÇÃO?

Aplicação na minha vida

Hoje eu vou...

Oração:

Agradecimento:

05. MAIO

E digam a ele: 'Paz e prosperidade ao
enhor e à sua família, e a tudo que é seu.

1 Samuel 25:6

Sua boca pode proferir benção e maldição; escolha a bênção e declare: "eu sou próspera e tenho paz." Você é uma voz profética

PARA PROPAGAR ESSA MENSAGEM NA VIDA DE ALGUÉM.

Aplicação na minha vida

Hoje eu vou...

Oração:

Agradecimento:

06. MAIO

Orem pela paz de Jerusalém; sejam prósperos todos que amam esta cidade.

1 Salmos 122:6

Davi exorta todos os adoradores de Deus a orarem pela prosperidade de Israel; declare palavras de benção sobre essa nação.

O QUE VOCÊ ABENÇOA E HONRA VOCÊ ATRAI.

Aplicação na minha vida

Hoje eu vou...

Oração:

Agradecimento:

07. MAIO

Em paz também me deitarei e dormirei, porque só tu, Senhor, me fazes habitar em segurança.

Salmos 4:8

O sono é fundamental para nossa saúde. Quando dormimos descansamos e renovamos as nossas forças. A falta de sono desgasta a saúde física e emocional. Muitas vezes não conseguimos dormir devido às preocupações, Deus não dorme, está

TE PROTEGENDO POR ISSO VOCÊ PODE DORMIR EM SEGURANÇA.

Aplicação na minha vida

Hoje eu vou...

Oração:

Agradecimento:

08. MAIO

O Senhor dará força ao seu povo; o Senhor abençoará o seu povo com paz.

Salmos 2[illegible]

Paz (do latim Pax) geralmente definida como um estado de calma ou tranquilidade, uma ausência de perturbações e agitação. Você nasceu para viver em paz, as aflições não são para te destruir e sim para seu crescimento. Nos momentos de desespero respire fundo

E PEÇA A DEUS PAZ E ALEGRIA QUE SÓ ELE TEM PARA DAR.

Aplicação na minha vida

Hoje eu vou...

Oração:

Agradecimento:

09. MAIO

Aparta-te do mal e faze o bem; procura a paz e segue-a.

Salmos 34:14.

A Palavra de Deus é a fonte de toda a sabedoria e orientação, nela constatamos o quanto Deus se importa conosco e o quanto

ELE QUER NOS GUIAR NO SEU CAMINHO QUE GERA FRUTOS DE ALEGRIA E PAZ.

Aplicação na minha vida

Hoje eu vou...

Oração:

Agradecimento:

10. MAIO

Porque um menino nos nasceu, um filho se nos deu; e o principado está sobre os seus ombros; e o seu nome será Maravilhoso Conselheiro, Deus Forte, Pai da Eternidade, Príncipe da Paz.

Isaías 9:6.

Paz tem origem no próprio Deus, uma bênção a qual Cristo concedeu aos redimidos quando removeu o abismo que os separava de Deus. Ter paz com Deus é saber que a ira Dele não

ESTÁ MAIS SOBRE NÓS, AGORA SOMOS CONECTADOS AO PRÍNCIPE DA PAZ QUE É JESUS.

Aplicação na minha vida

Hoje eu vou...

Oração:

Agradecimento:

11. MAIO

Tu conservarás em paz aquele cuja mente está firme em ti; porque ele confia em ti.

Isaías 26:3.

Essa é uma promessa fantástica para todos os que têm a mente firme em Deus. Ser conservado em paz significa que diante das decepções, traições, angústias e preocupações

ELE CONSERVARÁ SEUS SENTIMENTOS E EMOÇÕES GRUDADOS NELE.

Aplicação na minha vida
Hoje eu vou...

Oração:

Agradecimento:

12. MAIO

Mas ele foi ferido pelas nossas transgressões e moído pelas nossas iniquidades; o castigo que nos traz a paz estava sobre ele, e, pelas suas pisaduras, fomos sarados

Isaías 53:5

O Pai nos entregou Jesus, o Mestre que veio ao nosso encontro para curar as feridas da nossa alma e nos dar vida plena Nele. O remédio é o Seu amor,

BONDADE E GRAÇA, ESTÁ DISPONÍVEL PARA VOCÊ AGORA.

Aplicação na minha vida
Hoje eu vou...

Oração:

Agradecimento:

13. MAIO

Deixo-vos a paz, a minha paz vos dou; não dou como o mundo a dá. Não se turbe o vosso coração, nem se atemorize.

João 14:27

Desde os primórdios a sociedade busca das mais diversas formas, usando os mais diversos mecanismos obter a paz. Há, distinções claras entre a paz que Cristo propõe e a paz da sociedade. Qual a paz que você procura? A paz de Deus, é a aquela excede o nosso entendimento,

GUARDANDO O NOSSO CORAÇÃO E MENTE EM CRISTO JESUS."

Filipenses 4:7

Aplicação na minha vida

Hoje eu vou...

Oração:

Agradecimento:

14. MAIO

Tenho-vos dito isso, para que em mim tenhais paz; no mundo tereis aflições, mas tende bom ânimo; eu venci o mundo.

João 16:33

Bom ânimo é o elemento principal para os que desejam vencer. Sem ele seremos meros sonhadores infelizes sem força para prosseguir. Alimente seu ânimo com boas notícias, esperança, fé e prepare-se para ser um vencedor (a).

LEMBRE-SE DAS PALAVRAS DE JESUS: "TENDE BOM ÂNIMO EU VENCI".

Aplicação na minha vida

Hoje eu vou...

Oração:

Agradecimento:

15. MAIO

Misericórdia, e paz, e amor vos sejam multiplicados.

Judas 1:2

Judas era irmão de Jesus (Marcos 6:3). Se fez servo de Jesus por conta própria e com ele estava ligado para toda a vida. Aquele que vivia com a fonte do amor deseja que essas bênçãos sejam multiplicadas na sua vida.

DECLARAÇÃO DE HOJE: EU RECEBO MISERICÓRDIA, PAZ E AMOR PARA SEMPRE, AMÉM!

Aplicação na minha vida

Hoje eu vou...

Oração:

Agradecimento:

16. MAIO

Sendo, pois, justificados pela fé, temos paz com Deus por nosso Senhor Jesus Cristo.

Romanos 5:

Que nunca nos falte a paz de Deus, a única capaz de tornar os momentos mais difíceis em momentos de esperança e paz. "Também nos gloriamos nas tribulações; sabendo que a tribulação produz a paciência, a paciência

A EXPERIÊNCIA, E A EXPERIÊNCIA A ESPERANÇA.

Romanos 5:3-4

Aplicação na minha vida

Hoje eu vou...

Oração:

Agradecimento:

17. MAIO

O que vem de Deus traz paz.

João 14:27

Quando vem de Deus é leve, é simples, é natural, não é forçado; faz a gente ficar bem, nosso **CORAÇÃO FICA TRANQUILO E CHEIO DE ALEGRIA.**

Aplicação na minha vida

Hoje eu vou...

Oração:

Agradecimento:

18. MAIO

E o Deus de paz seja com todos vocês, amém!

Romanos 15:33

Que a paz de Deus caia sobre ti e transborde em todo o teu ser; guarde tua mente e coração **E ENCHA DE ALEGRIA O TEU VIVER.**

Aplicação na minha vida

Hoje eu vou...

Oração:

Agradecimento:

19. MAIO

Porque a inclinação da carne é morte; mas a inclinação do Espírito é vida e paz.

Romanos 8:6

Inclinamos nosso coração para tantos prazeres passageiros que não nos damos conta que estamos caminhando para a morte eterna. O Pecado nos separa da fonte da vida. O Espírito

NOS CONECTA A JESUS, A FONTE INESGOTÁVEL DE PAZ.

Aplicação na minha vida

Hoje eu vou...

Oração:

Agradecimento:

20. MAIO

Que o Deus de esperança os encha de toda alegria e paz, por sua confiança n'Ele, para que vocês transbordem de esperança, pelo poder do Espírito Santo."

Romanos 15:13

O ouvido de Deus está sempre atento à sua oração, não se cale, abra seu coração para Deus, fale para Ele suas angústias, dores e aflições. Ele te ouvirá, fará transbordar em seu

CORAÇÃO ALEGRIA, PAZ E CONFIANÇA PELO PODER DO ESPÍRITO SANTO.

Aplicação na minha vida

Hoje eu vou...

Oração:

Agradecimento:

21. MAIO

Porque o Reino de Deus não é comida nem bebida, mas justiça, paz, e alegria no Espírito Santo.

Romanos 14:17

A nutrição para a alma é tão necessária como a comida é para o corpo. A

PAZ DE DEUS É O ALIMENTO QUE A SUA ALMA PRECISA.

Aplicação na minha vida
Hoje eu vou...

Oração:

Agradecimento:

22. MAIO

E a paz de Deus, que excede todo o entendimento, guardará os seus corações e as suas mentes em Cristo Jesus.

Filipenses 4:7

A paz é um conceito que designa bem-estar humano. Mais que um sentimento é um estado interior de conforto e segurança dado por Deus. A paz não significa ausência de problemas, mas é a convicção que estamos seguros

NAS MÃOS AMOROSAS DO SENHOR.

Aplicação na minha vida
Hoje eu vou...

Oração:

Agradecimento:

23. MAIO

Certamente morrerá por falta de disciplina; andará cambaleando por causa da sua insensatez.

Provérbios 5:23

Disciplina é o caminho da sabedoria, que levará você à vida bem-sucedida. A pessoa disciplinada foca no que é importante e não perde tempo com coisas superficiais. "Quem despreza a disciplina cai na pobreza e na vergonha, mas

QUEM ACOLHE A REPREENSÃO RECEBE TRATAMENTO HONROSO".

Provérbios 13:18

Aplicação na minha vida

Hoje eu vou...

Oração:

Agradecimento:

24. MAIO

E a paz de Deus, para a qual também fostes chamados em um corpo, domine em vossos corações; e sede agradecidos.

Colossenses 3:15

Hoje você pode experimentar um novo tempo de paz e prosperidade que jamais imaginou viver. Somente acredite e faça escolhas com base nessa verdade. Convide o Senhor para dominar o seu coração,

CERTAMENTE ELE VIRÁ, AGRADEÇA-O POR ISSO...

Aplicação na minha vida

Hoje eu vou...

Oração:

Agradecimento:

25. MAIO

Espere no Senhor e siga a vontade. Ele o exaltará, dando-lhe a terra por herança; quando os ímpios forem eliminados, você verá.

Salmos 37:34

Aquele que ama a Deus procura fazer a Sua vontade. O desejo de Deus é que o nosso coração esteja alinhado com o coração Dele. Você precisa alinhar-se com Deus? Faça isso imediatamente. (...) pois esta é a vontade de

DEUS PARA VOCÊS EM CRISTO JESUS

(1 Tessalonicenses 5:18).

Aplicação na minha vida
Hoje eu vou...

Oração:

Agradecimento:

26. MAIO

"Pai, se queres, afasta de mim este cálice; contudo, não seja feita a minha vontade, mas a tua".

Lucas 22:41-42

Fazer a vontade do Pai é renunciar a própria vontade. Renunciar é abandonar, rejeitar, sacrificar vontades e prazeres em prol de algo maior. Renunciar é obedecer e seguir com a sua cruz. "Então disse Jesus aos seus discípulos: Se alguém quiser vir após mim, renuncie-se

A SI MESMO, TOME SOBRE SI A SUA CRUZ, E SIGA-ME;"

Matheus 16:24.

Aplicação na minha vida
Hoje eu vou...

Oração:

Agradecimento:

27. MAIO

Estejam vigilantes, mantenham-se firmes na fé, sejam homens de coragem, sejam fortes.

1 Coríntios 16:13

Se precisar de mais coragem para enfrentar alguma situação difícil, peça a direção de Deus e confie. "Pois eu sou o Senhor, o seu Deus, que o segura pela mão direita e diz a você:

NÃO TEMA; EU O AJUDAREI".

Isaías 41:13

Aplicação na minha vida

Hoje eu vou...

Oração:

Agradecimento:

28. MAIO

Quem há de maltratá-los, se vocês forem zelosos na prática do bem? Mesmo que venham a sofrer porque praticam a justiça serão felizes. "Não temam aquilo que eles temem, não fiquem amedrontados."

1 Pedro 3:13-1

Pedro afirma que mesmo fazendo o bem podemos padecer, assim somos bem-aventurados. Fazer o bem não é certeza de dias felizes, mas é a obrigação dos que são filhos. Somos

BEM-AVENTURADOS TANTO NO SOFRIMENTO QUANTO NOS DIAS FELIZES.

Aplicação na minha vida

Hoje eu vou...

Oração:

Agradecimento:

29. MAIO

No amor não há medo; pelo contrário o perfeito amor expulsa o medo, porque o medo supõe castigo. Aquele que tem medo não está aperfeiçoado no amor.

1 João 4:18

O perfeito amor lança fora "todo" o medo, pois Cristo é maior que todos eles. Isso não quer dizer que nunca mais teremos medo, mas sim que iremos enfrentá-lo e vencê-lo. Necessário que nos entreguemos por inteiro ao perfeito

AMOR QUE DE ANTEMÃO JÁ VENCEU O MUNDO.

Aplicação na minha vida

Hoje eu vou...

Oração:

Agradecimento:

30. MAIO

Faze-me ouvir do Teu amor leal pela manhã, pois em Ti confio. Mostra-me o caminho que devo seguir, pois a Ti elevo a minha alma.

Salmos 143:8

A cada dia você pode renovar sua esperança e assim como o salmista suplicar: "Mostra-me o caminho por onde devo andar." Permita que Jesus participe de sua vida logo pela manhã

COMO FEZ DAVI, ASSIM VOCÊ ENCONTRARÁ PLENITUDE E PAZ QUE TANTO PROCURA.

Aplicação na minha vida

Hoje eu vou...

Oração:

Agradecimento:

31. MAIO

Não ame o sono, senão você acabará ficando pobre; fique desperto, e terá alimento de sobra.

Provérbios 20:13

Sabemos da importância do sono e poder desfrutar dele é um presente. Todo excesso é prejudicial e nos afasta de Deus.

O DESEQUILÍBRIO NÃO É ATITUDE DOS SÁBIOS.

Aplicação na minha vida
Hoje eu vou...

Oração:

Agradecimento:

"Se vocês me amam, obedecerão
aos meus mandamentos. João 14:15;
"Por que vocês me chamam 'Senhor,
Senhor' e não fazem o que eu digo?"

Lucas 6:46;

Como filhos obedientes, não se deixem
amoldar pelos maus desejos de outrora,
quando viviam na ignorância.

1 Pedro 1:14

JUNHO

DECLARAÇÃO PARA
JUNHO

Eu escolho a OBEDIÊNCIA

Faça sua declaração:

01. JUNHO

E todos nós recebemos também da sua plenitude, e graça por graça.

João 1:16

Trabalhador que recebe pelos seus esforços, isso é salário. Atleta vencedor recebe um troféu, isso é prêmio. Reconhecimento pelo bom trabalho, isso é condecoração. Mas quando o homem não pode ganhar o salário, nem o troféu e nem a condecoração e, mesmo assim recebe; isso é graça.

RECEBEMOS GRAÇA DE GRAÇA!

Aplicação na minha vida

Hoje eu vou...

Oração:

Agradecimento:

02. JUNHO

Procurem aperfeiçoarem-se, exortem-se mutuamente, tenham um só pensamento, vivam em paz. E o Deus de amor e paz estará com vocês.

2 Coríntios 13:11

Deus é o próprio amor o autor de toda a paz. Deseja que seus filhos vivam em paz e amem uns os outros. Essa é uma condição para que

A PRESENÇA DE DEUS PERMANEÇA NO MEIO DOS SEUS.

Aplicação na minha vida

Hoje eu vou...

Oração:

Agradecimento:

03. JUNHO

Mas o fruto do Espírito é: amor, gozo, paz, longanimidade, benignidade, bondade, fé, mansidão, temperança

Gálatas 5:22

À medida que você cresce com Jesus, o Espírito Santo transforma sua vida, tornando você mais maduro e cheio de frutos. Ore hoje para que os frutos do espírito sejam

VISÍVEIS EM SUA VIDA EM TODO O TEMPO.

Aplicação na minha vida

Hoje eu vou...

Oração:

Agradecimento:

04. JUNHO

Porque ele é a nossa paz, o qual de amb os povos fez um; e, derrubando a parede de separação que estava no meio

Efésios 2:

A paz começa dentro do coração, no acolhimento daquele que é a paz, Jesus Cristo. Essa paz é fruto da ação do Espírito Santo derramado em seu

CORAÇÃO É MUITO MAIS QUE EMOÇÃO OU SENTIMENTO.

Aplicação na minha vida

Hoje eu vou...

Oração:

Agradecimento:

05. JUNHO

Procurando guardar a unidade do Espírito pelo vínculo da paz

Efésios 4:3

Às vezes não conseguimos compreender que a paz duradoura que Jesus promete é uma paz interior, nascida da fé, ancorada e nutrida pelo amor, expressa pela obediência e pelos

ARREPENDIMENTOS CONTÍNUOS.

Aplicação na minha vida

Hoje eu vou...

Oração:

Agradecimento:

06. JUNHO

"Dêem, e lhes será dado: uma boa medida, calcada, sacudida e transbordante será dada a vocês. Pois a medida que usarem, também será usada para medir vocês".

Lucas 6:38

"A medida que usarem, também será usada para medir vocês". As pessoas não dão a devida atenção para essa instrução. Você conhece alguém que gosta de colher algo que não plantou?

REFLEXÃO E AUTOANÁLISE SE POSSÍVEL FAÇA SUA CONFISSÃO.

Aplicação na minha vida

Hoje eu vou...

Oração:

Agradecimento:

07. JUNHO

Toda Escritura é divinamente inspirada é proveitosa para ensinar, para redarguir, para corrigir, para instruir em justiça, para que o homem de Deus seja perfeito e perfeitamente instruído para toda boa obra.

2 Timóteo 3:16

Muitas pessoas se escondem atrás da afirmação de que só Deus é perfeito, e que o homem não consegue ser. Sim! Deus é perfeito. E pede para que os Seus filhos busquem e vivam a perfeição e santidade como Jesus fez. Esforcem-se para viver em paz com todos e para serem santos;

SEM SANTIDADE NINGUÉM VERÁ O SENHOR.

Hebreus 12:14.

Aplicação na minha vida

Hoje eu vou...

Oração:

Agradecimento:

08. JUNHO

E a paz de Deus, que excede todo o entendimento, guardará os vossos corações e os vossos sentimentos em Cristo Jesus

Filipenses 4:7

Essa paz não possui origem humana, não é superficial ou passageira, mas é um dom divino que guarda seus pensamentos em Cristo Jesus. Assim você poderá ficar em paz, acreditando que;

"TODAS AS COISAS COOPERAM PARA O BEM DAQUELES QUE AMAM DEUS".

Romanos 8:28

Aplicação na minha vida

Hoje eu vou...

Oração:

Agradecimento:

09. JUNHO

Por meio dele reconciliasse consigo todas as coisas, tanto as que estão na terra quanto as que estão no céu, estabelecendo a paz pelo seu sangue derramado na cruz.

Colossenses 1:20

Nossa "reconciliação" com Deus, envolve o exercício de Sua graça e o perdão de nosso pecado. O resultado do sacrifício de Jesus é que o nosso relacionamento mudou de inimizade para amizade. "Já não vos chamo servos... Mas tenho-vos chamado amigos." João 15:15.

SOMOS AMIGOS DE JESUS E PODEMOS USUFRUIR DA SUA VERDADEIRA PAZ.

Aplicação na minha vida

Hoje eu vou...

Oração:

Agradecimento:

10. JUNHO

Que a paz de Cristo seja o juiz em seus corações, visto que vocês foram chamados a viver em paz, como membros de um só corpo. E sejam agradecidos.

Colossenses 3:15

Deixe a paz de Cristo governar o seu coração. A permanência da paz de Cristo em você é a prova decisiva de que o seu coração está alinhado com Deus. Quando um homem perde a paz, é uma prova de que ele perdeu outras coisas.

ENQUANTO A PAZ GOVERNA, TUDO ESTÁ SEGURO.

Aplicação na minha vida

Hoje eu vou...

Oração:

Agradecimento:

11. JUNHO

Deus quis fazer conhecer quais são as riquezas da glória deste mistério entre os gentios, que é Cristo em vós, esperança da glória.

Colossenses 1:27

"Cristo em vós, a esperança da glória." Esta é a riqueza que supera as outras glórias.

QUAL LUGAR JESUS REALMENTE OCUPA EM NOSSA VIDA?

Aplicação na minha vida

Hoje eu vou...

Oração:

Agradecimento:

12. JUNHO

Foge, também, dos desejos da mocidade; e segue a justiça, a fé, o amor e a paz com os que, com um coração puro, invocam o Senhor.

2 Timóteo 2:22

O que significa ter um coração puro? "Quem subirá ao monte do Senhor, ou quem estará no seu lugar santo? Aquele que é limpo de mãos e puro de coração, que não entrega a sua alma à vaidade, nem jura enganosamente." Salmo 24:3-4.

"BEM-AVENTURADOS OS PUROS DE CORAÇÃO"
Mateus 5:8

Aplicação na minha vida

Hoje eu vou...

Oração:

Agradecimento:

13. JUNHO

E conhecer o amor de Cristo, que excede todo o entendimento, para que sejais cheios de toda a plenitude de Deus.

Efésios 3:19

O amor de Cristo é o amor ágape o amor sobrenatural, não algo que o ser humano possa praticar sem o poder do Espírito Santo. Ágape não é um amor por interesse, mas um amor

QUE EXCEDE NOSSA COMPREENSÃO HUMANA, TEM SUA ORIGEM EM DEUS.

Aplicação na minha vida

Hoje eu vou...

Oração:

Agradecimento:

14. JUNHO

Não foi mediante a lei que Abraão e a sua descendência receberam a promessa de que ele seria o herdeiro do mundo, mas mediante a justiça que vem da fé.

Romanos 4:13

A promessa de Deus a Abraão é que ele seria herdeiro do mundo. Deus criou e reservou uma herança para todos aqueles que creem em seu Nome, pela fé você é herdeira (o) dos bens, riquezas, saúde, prosperidade e paz. Tudo o que

DEUS CRIOU, O FEZ PENSANDO EM VOCÊ PARA A GLÓRIA DO SEU NOME.

Aplicação na minha vida

Hoje eu vou...

Oração:

Agradecimento:

15. JUNHO

Teus são os céus e tua é a terra; o mundo e a sua plenitude, tu os fundaste.

Salmos 89:11

Tudo é Dele e pertence Ele, Somos do Senhor, somos de um Deus que tudo pode. Do Senhor é a terra e a

SUA PLENITUDE, O MUNDO E AQUELES QUE NELE HABITAM.

Salmo 24:1

Aplicação na minha vida

Hoje eu vou...

Oração:

Agradecimento:

16. JUNHO

Na prosperidade repousará a sua alma, e a sua descendência herdará a terra.

Salmos 25.13

Deixe sua mente repousar nessa promessa, não podemos dizer que somos herdeiros de Deus e mendigar o pão. Já fui jovem e agora sou velho,

MAS NUNCA VI O JUSTO DESAMPARADO NEM SEUS FILHOS MENDIGANDO O PÃO.

Salmos 37:25

Aplicação na minha vida

Hoje eu vou...

Oração:

Agradecimento:

17. JUNHO

Para que os seus corações sejam consolados, e estejam unidos em amor, e enriquecidos da plenitude da inteligência, para conhecimento do mistério de Deus, isto é, Cristo.

Colossenses 2:2

Plenitude da inteligência é ter a mente de Cristo, esse era o anseio do coração do apostolo Paulo. Somente com a mente de Cristo você conseguirá o conhecimento de quem é Deus.

"quem conheceu a mente do Senhor para que possa instruí-lo?"

NÓS, PORÉM, TEMOS A MENTE DE CRISTO.

1 Coríntios 2:16

Aplicação na minha vida

Hoje eu vou...

Oração:

Agradecimento:

18. JUNHO

Abrão deu a Melquisedeque a décima parte de tudo o que havia trazido de volta.

Gênesis 14:20b

A Palavra de Deus nos convida à uma vida de generosidade. Certos de que quando fazemos bem para o próximo estamos fazendo para o próprio Deus Mateus 25:40. E mais, certos de que o maior beneficiado em uma doação não

É AQUELE QUE RECEBE, E SIM QUEM DOA. SEJA GENEROSO!

Aplicação na minha vida

Hoje eu vou...

Oração:

Agradecimento:

19. JUNHO

Ninguém pode servir a dois senhores; pois odiará um e amará o outro, ou se dedicará a um e desprezará o outro. Vocês não podem servir a Deus e ao dinheiro.

Mateus 6:24

Reflita se algum de seus bens se tornou mais importante que Deus, ao fazer essa reflexão, ore para que Deus venha ocupar o lugar máximo em sua vida.

ONDE ESTÁ O TEU TESOURO, AÍ ESTÁ O TEU CORAÇÃO

Mateus 6:21.

Aplicação na minha vida

Hoje eu vou...

Oração:

Agradecimento:

20. JUNHO

"E sabemos que todas as coisas contribuem juntamente para o bem daqueles que amam Deus, daqueles que são chamados segundo o seu propósito."

Romanos 8:28.

"Todas as coisas" boas e más, agradáveis e desagradáveis trabalham em conjunto para o nosso bem. Tudo que está acontecendo agora em sua vida é para um propósito específico, não se desespere e nem

JULGUE QUE ISSO ACONTECE SOMENTE COM VOCÊ.

Aplicação na minha vida

Hoje eu vou...

Oração:

Agradecimento:

21. JUNHO

Portanto, não se preocupem, dizendo: `Que vamos comer? ´ ou `Que vamos beber?´ ou `Que vamos vestir?´ Pois os pagãos é que correm atrás dessas coisas; mas o Pai celestial sabe que vocês precisam delas.

Mateus 6:31

Muitos vivem com crises de ansiedades, perguntando sobre o amanhã, deixando a alegria e o desfrute do presente. O Pai celestial sabe o que precisamos, e no devido tempo entrega a todos os que confiam em sua proteção.

Ansiedade é o excesso de futuro, depressão é o excesso

DO PASSADO, PLENITUDE É O DESFRUTE DO PRESENTE.

Aplicação na minha vida

Hoje eu vou...

Oração:

Agradecimento:

22. JUNHO

"Qual pai, entre vocês, se o filho lhe pedir um peixe, em lugar disso lhe dará uma cobra? Ou se pedir um ovo, lhe dará um escorpião? Se vocês, apesar de serem maus, sabem dar boas coisas aos seus filhos, quanto mais o Pai que está no céu! "

Lucas 11:11-13

Peça para Ele, vá para seu quarto, feche a porta e ore ao Pai, que está em secreto.

ENTÃO SEU PAI, QUE VÊ EM SECRETO, O RECOMPENSARÁ.

Mateus 6:6

Aplicação na minha vida

Hoje eu vou...

Oração:

Agradecimento:

23. JUNHO

Até os jovens se cansam e ficam exaustos, e os moços tropeçam e caem; mas aqueles que esperam no Senhor renovam as suas forças. Voam alto como águias; correm e não ficam exaustos, andam e não se cansam.

Isaías 40:30-31

Ele pode conceder o renovo a todos os que estão cansados e sobrecarregados.

NELE VOCÊ ENCONTRARÁ VIGOR E DISPOSIÇÃO.

Aplicação na minha vida

Hoje eu vou...

Oração:

Agradecimento:

24. JUNHO

Não sejam iguais a eles, porque o seu Pa sabe do que vocês precisam, antes mesmo de o pedirem.

Mateus 6

Deus conhece os nossos pensamentos, sentimentos e necessidades. Mesmo assim precisamos orar; a oração nos coloca em contato com Deus. Oração é a prova do nosso relacionamento e

DEPENDÊNCIA DE DEUS, ORE A SEU PAI AGORA.

Aplicação na minha vida

Hoje eu vou...

Oração:

Agradecimento:

25. JUNHO

Provem e vejam como o Senhor é bom.
Como é feliz o homem que nele se refugia!

Salmos 34:8

A bondade de Deus, inclui a amabilidade, generosidade, graça, misericórdia com amor imensurável. Devemos experimentar afetuosamente desse amor e estar convencido da sua bondade, para assim ser encorajado a confiar Nele em qualquer circunstância.

NUNCA SE ESQUEÇA, ELE CUIDA DE VOCÊ.

Aplicação na minha vida

Hoje eu vou...

Oração:

Agradecimento:

26. JUNHO

Eis que a mão do SENHOR não está encolhida, para que não possa salvar; nem agravado o seu ouvido, para não poder ouvir.

Isaías 59:1

Ele só vai ouvir a sua voz se você chamar. O próprio Senhor diz para clamarmos a Ele; "Clame por mim e eu responderei e direi a você coisas grandiosas e insondáveis que você não conhece". Jeremias 33.3. O que você está esperando? Abra seu coração e fale a Deus todos seus medos e aflições. Fale também do seu amor, dependência e agradeça-o a Ele

POR SUA MÃO NÃO ESTAR ENCOLHIDA PARA VOCÊ.

Aplicação na minha vida

Hoje eu vou...

Oração:

Agradecimento:

27. JUNHO

O Espírito de Deus habita em você,
"Vocês não sabem que são santuário de Deus e que o Espírito de Deus habita em vocês? "

1Coríntios 3.16.

A palavra "santuário", aparece na Escritura Sagrada 144 vezes e é usada para expressar a ideia de "santo", "lugar sagrado" Você é o lugar sagrado da habitação de Deus, Ele faz morada em você através da

PRESENÇA DO ESPÍRITO SANTO, CUIDE E HONRE SEU CORPO SANTO.

Aplicação na minha vida
Hoje eu vou...

Oração:

Agradecimento:

28. JUNHO

Darei a vocês um coração novo e porei u espírito novo em vocês; tirarei de vocês o coração de pedra e, em troca, darei um coração de carne. Porei o meu Espírito em vocês e os levarei a agir segundo os meus decretos e a obedecer fielmente às minhas leis.

Ezequiel 36:25-

Um coração novo cheios do Espírito de Deus, essa é a forma para uma vida plena e próspera. "Rogarei ao Pai, ele vos dará outro Consolador, para que fique convosco para sempre. O Espírito da verdade, que o mundo não pode receber,

MAS VÓS O CONHECEIS, PORQUE HABITA E ESTÁ EM VÓS".

João 14:16,17.

Aplicação na minha vida
Hoje eu vou...

Oração:

Agradecimento:

29 JUNHO

O ladrão não vem senão a roubar, a matar, e a destruir: eu vim para que enham vida, e a tenham com abundância e plenitude.

João 10:10

Quando Jesus promete uma vida abundante Ele está prometendo uma vida em que há graça, amor em abundância, alegria, paz e segurança em abundância. Essas virtudes têm sua origem no próprio Deus que é a própria vida. Ter uma vida em abundância é

DESFRUTAR DE COMUNHÃO COM DEUS ATRAVÉS DA OBRA REDENTORA DE CRISTO.

Aplicação na minha vida

Hoje eu vou...

Oração:

Agradecimento:

30. JUNHO

Far-me-ás ver a vereda da vida; na tua presença há abundância de alegrias; à tua mão direita há delícias perpetuamente.

Salmos 16:11

Você está se sentindo vazio, sem vida e sem alegria? Eu te convido fazer essa oração: "Senhor, venha ao meu encontro com a tua presença, pois sem ela eu não posso viver. Traz-me a Tua paz e

ALEGRIA, QUE É DIFERENTE DE QUALQUER OUTRA QUE EU POSSA SENTIR!"

Aplicação na minha vida

Hoje eu vou...

Oração:

Agradecimento:

Dediquem-se uns aos outros com amor fraternal. Prefiram dar honra aos outros mais do que a vocês.

Romanos 12:10;

Nunca falte a vocês o zelo, sejam fervorosos no espírito, sirvam ao Senhor com amor.

Romanos 12:11

JULHO

DECLARAÇÃO PARA
JULHO

Eu escolho SERVIR

Faça sua declaração:

01. JULHO

O homem bom, do bom tesouro do seu coração, tira o bem, e o homem mau, do mau tesouro do seu coração, tira o mal, porque da abundância do seu coração fala a boca.

Lucas 6:45

A figura da árvore nos lembra que o fruto é sempre condizente com a natureza de quem o produz. Uma macieira produz maçãs, não laranjas; de igual modo, uma boa pessoa produz

BONS FRUTOS, E NÃO FRUTOS RUINS.

Aplicação na minha vida

Hoje eu vou...

Oração:

Agradecimento:

02. JULHO

E, se algum de vós tem falta de sabedoria, peça-a a Deus, que a todos dá abundantemente e não o lança em rosto; e ser-lhe-á dada.

Tiago 1:5

Devemos nos aproximar do Senhor com confiança, Ele sempre nos receberá com o espírito de bondade e com disposição para atender os nossos pedidos.

O QUE VOCÊ PRECISA PEDIR A DEUS HOJE?

Aplicação na minha vida

Hoje eu vou...

Oração:

Agradecimento:

03. JULHO

Porque ele sacia o sedento e satisfaz plenamente o faminto.

Salmo 107:9

O Senhor promete conduzir a nossa vida em total segurança, diante de qualquer situação, nunca estamos a sós, Ele sempre providenciará o escape.

O FAMINTO SATISFAZ TODOS AQUELES QUE VÊM ATÉ ELE.

Aplicação na minha vida

Hoje eu vou...

Oração:

Agradecimento:

04. JULHO

Pois eu vos digo que, se a justiça de vocês não for muito superior à dos fariseus e mestres da lei, de modo nenhum entrarão no Reino dos céus.

Mateus 6:20

O pecado nos torna impuros, injustos e separados de Deus. Mas todo aquele que tem Jesus como Salvador é justificado pela fé e recebe a justiça do próprio Jesus! Somos convidados a:

NOS MANTER FIRMES, VESTINDO A COURAÇA DA JUSTIÇA.

Efésios 6:14

Aplicação na minha vida

Hoje eu vou...

Oração:

Agradecimento:

05. JULHO

Riquezas e glória vêm de diante de ti, tu dominas sobre tudo, na tua mão há força e poder; e na tua mão está o engrandecer e dar força a tudo.

1 Crônicas 29:12

A oração do rei Davi consagrava o povo e suas dádivas a Deus, assim também devemos louvar a Deus pelos seus feitos

EM NOSSAS VIDAS, SE TEMOS ALGUMA COISA BOA, VEM DO SENHOR.

Aplicação na minha vida

Hoje eu vou...

Oração:

Agradecimento:

06. JULHO

O meu Deus, segundo as suas riquezas, suprirá todas as vossas necessidades em glória, por Cristo Jesus.

Filipenses 4:19

Podemos parafrasear Paulo, "vocês supriram as minhas necessidades, e Deus suprirá as suas. Vocês supriram cada uma das necessidades que tive, mas meu Deus suprirá todas as suas necessidades. Vocês repartiram na pobreza,

MAS O SENHOR SUPRIRÁ SUAS NECESSIDADES COM AS RIQUEZAS DELE, NA GLÓRIA."

Aplicação na minha vida

Hoje eu vou...

Oração:

Agradecimento:

07. JULHO

E quanto ao homem, a quem Deus deu riquezas e fazenda lhe deu poder para delas comer, e tomar a sua porção, e gozar do seu trabalho, isso é dom de Deus.

Eclesiastes 5:19

Devemos desfrutar das bênçãos que Deus nos dá. O que é bom é trabalhar fielmente, desfrutar a

VIDA E ACEITAR TUDO COMO DOM DA GRAÇA DE DEUS.

Aplicação na minha vida

Hoje eu vou...

Oração:

Agradecimento:

08. JULHO

Oro para que, com as suas gloriosas riquezas, Ele os fortaleça no íntimo do seu ser com poder, por meio do seu Espírito.

Efésios 3:16

Essa experiência mais profunda permitirá que os cristãos "compreendam" (alcancem) o grande amor do Senhor, o que resultará em serem cheios de toda plenitude de Deus. Paulo estava orando por

FORÇA, ENTENDIMENTO E PLENITUDE, QUE ASSIM SEJA NA SUA VIDA.

Aplicação na minha vida

Hoje eu vou...

Oração:

Agradecimento:

09. JULHO

Seu divino poder nos deu todas as coisas de que necessitamos para a vida e para a piedade, por meio do pleno conhecimento daquele que nos chamou para a sua própria glória e virtude.

2 Pedro 1:3

A vida cristã começa com a fé na pessoa de Jesus Cristo. Mas, quando conhecemos o Salvador pessoalmente, também experimentamos o poder de Deus, e esse

PODER PRODUZ A VIDA PLENA E PRÓSPERA DE QUE PRECISAMOS.

Aplicação na minha vida

Hoje eu vou...

Oração:

Agradecimento:

10. JULHO

Honre o Senhor com todos os seus recursos e com os primeiros frutos de todas as suas plantações; os seus celeiros ficarão plenamente cheios, e os seus barris transbordarão de vinho.

Provérbios 3:9,10

Se confiarmos em Jesus e lhe obedecermos, nosso Pai dirigirá nossos caminhos para as bênçãos que ele preparou para nós. A principal dessas bênçãos é encontrar a verdadeira riqueza que vem da sabedoria. Felicidade e paz não são garantidas no dinheiro, felicidade

É VIVER DE ACORDO COM A SABEDORIA DE DEUS.

Aplicação na minha vida

Hoje eu vou...

Oração:

Agradecimento:

11. JULHO

Quem trata bem os pobres empresta ao Senhor, e ele o recompensará.

Provérbios 19:17

Quando ajudamos os pobres, estamos investindo no Senhor, e ele cuidará para que recebamos nossos dividendos no momento certo. Se fechamos os nossos ouvidos para os clamores dos pobres,

DEUS FARÁ O MESMO EM RELAÇÃO ÀS NOSSAS ORAÇÕES

Provérbios 21:13

Aplicação na minha vida

Hoje eu vou...

Oração:

Agradecimento:

12. JULHO

"Haja fartura de trigo por toda a terra, ondulando no alto dos montes. Floresçam os seus frutos como os do Líbano e cresçam as cidades como as plantas no campo."

Salmos 72:16

Deus fez promessas de prosperidade a Israel em todas as áreas. No cumprimento de sua aliança com Abraão, Deus abençoaria todas as nações por meio de Israel, como fez ao enviar

JESUS CRISTO QUE NOS ALCANÇOU NOS DANDO VIDA PLENA E ABUNDANTE.

Aplicação na minha vida

Hoje eu vou...

Oração:

Agradecimento:

13 JULHO

"Os planos bem elaborados levam à fartura (abundância); mas o apressado sempre acaba na miséria."

Provérbios 21:5

As pessoas podem ficar pobres por causa de transações financeiras imprudentes e esquema de enriquecimento rápido. Se corremos impulsivamente para fechar um bom negócio, podemos perder tudo. Faça tudo com prudência e **BUSQUE SABEDORIA PARA TODAS AS SUAS DECISÕES.**

Aplicação na minha vida
Hoje eu vou...

Oração:

Agradecimento:

14 JULHO

"Mas os humildes receberão a terra por herança e desfrutarão pleno bem-estar."

Salmos 37:11

Deus sustenta os justos e cuida para que tenham aquilo de que precisam. Pela fé em Cristo, temos acesso à presença de Deus e **PODEMOS NOS DELEITAR EM SUAS BÊNÇÃOS.**

Aplicação na minha vida
Hoje eu vou...

Oração:

Agradecimento:

15. JULHO

"Preparas um banquete para mim à vista dos meus inimigos. Tu me honras, ungindo a minha cabeça com óleo e fazendo transbordar o meu cálice."

Salmos 23:5

Davi não está falando sobre o pastor, mas dirigindo-se ao pastor. No vale escuro Deus não está diante de nós, mas ao nosso lado,

MOSTRANDO O CAMINHO E ACALMANDO OS NOSSOS TEMORES. CONFIA NELE!

Aplicação na minha vida

Hoje eu vou...

Oração:

Agradecimento:

16. JULHO

O SENHOR enviará bênçãos aos teus celeiros bem como a todo trabalho realizado pelas tuas mãos. Yahweh, o teu Deus, te abençoará ricamente na boa terra que te concede.

Deuteronômio 28:8

Essas bênçãos materiais eram o modo usado por Deus para fazer os seus filhos se lembrarem de que a obediência traz benção.

DEUS TEM VIDA PLENA E PRÓSPERA PARA AQUELES QUE O OBEDECEREM.

Aplicação na minha vida

Hoje eu vou...

Oração:

Agradecimento:

17. JULHO

Distribua com generosidade o teu pão como se o atirasse sobre águas e depois de algum tempo o receberás de volta.

Eclesiastes 11:1,2

Há quem dê generosamente, e vê aumentar suas riquezas, outros retêm o que deveriam dar, e caem na pobreza.

O GENEROSO PROSPERARÁ.

Provérbios 11:24-25.

Aplicação na minha vida

Hoje eu vou...

Oração:

Agradecimento:

18. JULHO

Ainda há alguma semente no celeiro? De fato, até hoje a videira, a figueira, a romeira e a oliveira não têm dado fruto. Mas, de hoje em diante, eu mesmo vos abençoarei sobremaneira!"

Ageu 2:19

Ageu emitiu um chamado ao arrependimento, e com esse convite veio a certeza da benção de Deus.

O SENHOR É QUEM NOS FAZ PROSPERAR SOBREMANEIRA.

Aplicação na minha vida

Hoje eu vou...

Oração:

Agradecimento:

19. JULHO

E quem der, mesmo que seja apenas um copo de água fria a um destes pequeninos, por ser este meu discípulo, com toda a certeza vos afirmo que de modo algum perderá a sua recompensa".

Mateus 10:42

Podemos ser uma benção para os outros. Nem todos irão rejeitar o nosso testemunho; alguns irão nos acolher e receber uma benção.

SEJA ABENÇOADO PARA ABENÇOAR.

Aplicação na minha vida
Hoje eu vou...

Oração:

Agradecimento:

20. JULHO

Lembrai-vos: "aquele que pouco semeia, igualmente, colherá pouco, mas aquele que semeia com generosidade, da mesma form colherá com fartura".

2 Coríntios 9:6

Enquanto semeamos, somos enriquecidos e enriquecemos os outros. O lavrador colhe benefícios físicos enquanto trabalha no campo, mas precisa esperar a colheita. O cristão que é motivado pela graça colhe as bênçãos do enriquecimento pessoal que beneficia outros.

A GLÓRIA DA BOA COLHEITA É SEMPRE DE DEUS.

Aplicação na minha vida
Hoje eu vou...

Oração:

Agradecimento:

21. JULHO

Os ímpios tomam emprestado e não devolvem, mas os justos dão com generosidade;

Salmos 37:21

Deus abençoa os diligentes por causa da generosidade deles.

QUEM É GENEROSO TERÁ VIDA PLENA.

Aplicação na minha vida

Hoje eu vou...

Oração:

Agradecimento:

22. JULHO

O Senhor faça resplandecer o Seu rosto sobre ti e te conceda graça;

Números 6:25

A graça não só nos liberta de nossos pecados, mas nos liberta de nós mesmos. A graça é um dom, um presente de Deus para aqueles que têm fé em Jesus Cristo. Quando compreendemos e recebemos a graça, temos forças para

VIVER COM CONFIANÇA, ESPERANÇA E PAZ.

Aplicação na minha vida

Hoje eu vou...

Oração:

Agradecimento:

23. JULHO

Vocês serão enriquecidos de todas as formas, para que possam ser generosos em qualquer ocasião e, por nosso intermédio, a sua generosidade resulte em ação de graças a Deus.

2 Coríntios 9:11

Deus nos enriquece para que nossa contribuição seja ainda mais abundante. Ofertar pela graça significa que cremos, realmente, que Deus é o grande doador e que usamos os recursos materiais e espirituais de acordo com essa convicção.

É IMPOSSÍVEL SER MAIS GENEROSO DO QUE DEUS.

Aplicação na minha vida
Hoje eu vou...

Oração:

Agradecimento:

24. JULHO

Dê-lhe com generosidade dos animais do seu rebanho, do produto da sua eira e do seu lagar. Dê-lhe conforme a bênção que o Senhor, o seu Deus, lhe tem dado.

Deuteronômio 15:14

Todos precisamos ter os ouvidos abertos para ouvir a vontade de Deus, disposição suficiente

PARA OBEDECER AOS SEUS MANDAMENTOS.

Aplicação na minha vida
Hoje eu vou...

Oração:

Agradecimento:

25. JULHO

E o rei deu um grande banquete, o banquete de Ester, para todos os seus nobres e oficiais. Proclamou feriado em todas as províncias e distribuiu presentes por sua generosidade real.

Ester 2:18

A generosidade do rei se estendeu ao povo, pois ele proclamou um feriado nacional em todo o seu reino e distribuiu presentes à população. O Senhor tem vida plena

PARA AQUELES QUE VIVEM PRINCÍPIOS DE GENEROSIDADE.

Aplicação na minha vida
Hoje eu vou...

Oração:

Agradecimento:

26. JULHO

Assim que se divulgou essa ordem, os israelitas deram com generosidade o melhor do trigo, do vinho, do óleo, do mel e de tudo o que os campos produziam. Trouxeram o dízimo de tudo. Era uma grande quantidade.

2 Crônicas 31:5

O povo adorador sempre será generoso, especialmente quando os seus líderes dão exemplo, e com Judá não foi exceção. A adoração de forma

INTEGRAL PRECISA SER PARTE DE UMA VIDA PIEDOSA E PLENA.

Aplicação na minha vida
Hoje eu vou...

Oração:

Agradecimento:

27. JULHO

Sei estar abatido e sei também ter abundância; em toda a maneira e em todas as coisas, estou instruído, tanto a ter fartura como a ter fome, tanto a ter abundância como a padecer necessidade.

Filipenses 4:12

Paulo é o exemplo de uma vida em plena satisfação em Deus, ele compreendeu o verdadeiro significado de prosperidade. Assim como ele devemos adorar o Senhor e viver contente

INDEPENDENTEMENTE DAS CIRCUNSTÂNCIAS.

Aplicação na minha vida

Hoje eu vou...

Oração:

Agradecimento:

28. JULHO

Seja generoso, essa atitude te trará louvor. O generoso prosperará; quem dá alívio aos outros, alívio receberá.

Provérbios 11:25

Pode ser bastante proveitoso alguém dando graças a Deus por nossa obediência e generosidade. Não há zelo ou adoração que compense pelas oportunidades perdidas de servir a

OUTROS E DE SUPRIR SUAS NECESSIDADES PRÁTICAS.

Aplicação na minha vida

Hoje eu vou...

Oração:

Agradecimento:

29. JULHO

Coroas o ano com a tua bondade, e por onde passas emana fartura;

Salmos 65:11

A ênfase do texto está na bondade e generosidade do Senhor para com o seu povo. A bondade de Deus transforma nossos corações.

A nossa resposta à sua

BONDADE DEVE SER TAMBÉM TRATAR OUTRAS PESSOAS COM BONDADE.

Aplicação na minha vida

Hoje eu vou...

Oração:

Agradecimento:

30. JULHO

Bem-aventurados os que têm fome e sede de justiça, porque eles serão fartos. (Abundantes).

Mateus 5:6

Deus promete abundância de vida a quem o ama. Quem confia em Deus sempre terá provisão, não só provisão de bens financeiros.

DEUS PROMETE NOS DAR FARTURA DE AMOR, PAZ, GRAÇA E ALEGRIA.

Aplicação na minha vida

Hoje eu vou...

Oração:

Agradecimento:

31. JULHO

Amados, amemos uns os outros, pois o amor procede de Deus. Aquele que ama é nascido de Deus e conhece Deus.

1 João 4:7

Deus é amor. Seu amor serve de exemplo. Nós devemos amar os outros, como Deus nos ama. Que a oração de seus filhos seja por uma

MULTIPLICAÇÃO DE AMOR UNS PARA COM OS OUTROS.

Aplicação na minha vida

Hoje eu vou...

Oração:

Agradecimento:

Pois, se perdoarem as ofensas uns dos outros, o Pai celestial também perdoará vocês.

Mateus 6:14;

Suportem-se uns aos outros e perdoem as queixas que tiverem uns contra os outros. Perdoem como o Senhor os perdoou.

AGOSTO

DECLARAÇÃO PARA
AGOSTO

Eu escolho PERDOAR

Faça sua declaração:

....

....

....

....

....

....

....

....

....

....

....

....

....

....

....

01. AGOSTO

Alegrem-se, porém, os justos! Exultem diante de Deus! Regozijem-se com grande alegria!

Salmos 68:3

Mesmo passando por dificuldades muitas pessoas veem a vida de uma forma alegre, positiva e esperançosa. Que situação você está passando agora?

ALEGRE-SE EXALTE O SEU DEUS EM TODO O TEMPO.

Aplicação na minha vida

Hoje eu vou...

Oração:

Agradecimento:

02. AGOSTO

Tudo quanto fizerdes, fazei-o de todo o coração, (excelência) como ao Senhor e não aos homens, sabendo que recebereis do Senhor a herança, porque a Cristo servis.

Colossenses 3:23-24

A excelência é um valor do Reino de Deus o perfeccionismo é um valor do reino dos homens. Perfeccionismo é para agradar a si mesmo e aos outros, a excelência é para agradar

AO SENHOR, ELE POR SUA GRAÇA TE RECOMPENSARÁ.

Aplicação na minha vida

Hoje eu vou...

Oração:

Agradecimento:

03. AGOSTO

Então, a virgem se alegrará na dança, e também os jovens e os velhos; e tornarei o seu pranto em alegria, e os consolarei, e transformarei em regozijo a sua tristeza.

Jeremias 31:13

Deus já consolou você? Então você tem motivos para adorá-lo! Será maravilhoso se você puder testemunhar os benefícios que Deus tem feito a você, os jovens serão abençoados com sua experiência e sabedoria.

ALEGRE-SE E NÃO SE CALE.

Aplicação na minha vida

Hoje eu vou...

Oração:

Agradecimento:

04. AGOSTO

Tenho dito para que a minha alegria permaneça em vós, e a vossa alegria seja completa.

João 15:

Alegria é um atributo de Deus, alegria é o que Ele tem para dar, estável e não momentânea.

ALEGRE-SE INDEPENDENTEMENTE DA SITUAÇÃO.

Aplicação na minha vida

Hoje eu vou...

Oração:

Agradecimento:

05. AGOSTO

"Regozijai-vos sempre. Orai sem cessar. Em tudo dai graças, porque esta é a vontade de Deus em Cristo Jesus para convosco."

I Tessalonicenses 5:16-18

Nesse versículo o apostolo Paulo está ensinando dois princípios indispensáveis da vontade de Deus para nós:

1- Orem sem cessar; significa estar conectados, alinhado 24 horas com Deus.

2- Sejam gratos em todo tempo, ser agradecido independente das circunstâncias.

Aplicação na minha vida

Hoje eu vou...

Oração:

Agradecimento:

06. AGOSTO

Novamente direi: alegrem-se!

Filipenses 4:4

Deus quer realizar grandes coisas na sua vida, não tenha dúvida disso. Busque alegria n'Ele e em tudo que vem d'Ele, pois por mais difícil que seja o momento para toda situação existe um propósito. Acredite, grandes coisas

ESTÃO POR VIR E VOCÊ VIVERÁ UMA VIDA PLENA E PRÓSPERA. VOCÊ CRÊ?

Aplicação na minha vida

Hoje eu vou...

Oração:

Agradecimento:

07. AGOSTO

Alegrem-se com os que se alegram; chorem com os que choram.

Romanos 12:15

Somos um corpo unidos em Cristo. "De maneira que, se um membro padece, todos os membros padecem com ele; e, se um membro é honrado, todos os membros se regozijam com ele.

ORA, VÓS SOIS O CORPO DE CRISTO, E SEUS MEMBROS EM PARTICULAR. "

1 Coríntios 12:26-27

Aplicação na minha vida

Hoje eu vou...

Oração:

Agradecimento:

08. AGOSTO

Prestem culto ao Senhor com alegria; entrem na sua presença com cânticos alegres.

Salmos 100:2

A alegria não é só uma opção da vida, é uma ordem de Deus, mandamento da alegria está espalhado em toda a Escritura que está dividida em cinco partes: a Lei, os Salmos, os Profetas, os Evangelhos e as Epístolas, vemos que o mandamento da alegria está espalhado em todas elas.

ALEGRE-SE NA FORÇA DO SEU SENHOR.

Aplicação na minha vida

Hoje eu vou...

Oração:

Agradecimento:

09. AGOSTO

O coração alegre é como o bom remédio, mas o espírito abatido seca até os ossos.

Provérbios 17:22

Uma pessoa alegre nos põe para cima, nos energiza, motiva, nos inspira; e é assim que devemos ser; transmitir alegria mesmo nas situações difíceis.

O REMÉDIO QUE VOCÊ PROCURA PODE ESTAR DENTRO DE VOCÊ E NÃO FORA.

Aplicação na minha vida

Hoje eu vou...

Oração:

Agradecimento:

10. AGOSTO

"Deus nos ressuscitou com Cristo e com Ele nos fez assentar nas regiões celestiais em Cristo Jesus, para mostrar, nas eras que hão de vir, a incomparável riqueza de sua graça."

Efésios 2:6-7

Nesse mundo onde a tragédia e a dor geram audiência, nós nos levantamos com um novo convite para você.

ALEGRE-SE SEMPRE...

Aplicação na minha vida

Hoje eu vou...

Oração:

Agradecimento:

11. AGOSTO

O meu espírito se alegra em Deus, meu Salvador;

Lucas 1:47

Existe dentro de nós o espírito de Deus, com isso podemos reconhecer e ter comunhão com o próprio Deus. Somos seres espirituais porque

ELE SOPROU O ESPÍRITO DE VIDA EM NÓS, ALEGRE-SE POR ESSE MOTIVO.

Aplicação na minha vida
Hoje eu vou...

Oração:

Agradecimento:

12. AGOSTO

A Palavra de Deus é viva e eficaz, e mais cortante do que qualquer espada de dois gumes, e penetra até a divisão de alma e espírito.

Hebreus 4.1

Alma: mente, sentimentos, emoções e desejos carnais. Espírito: o sopro de vida

QUE NOS CONECTA COM DEUS. ESPÍRITO SANTO QUE HABITA EM NÓS.

Aplicação na minha vida
Hoje eu vou...

Oração:

Agradecimento:

13. AGOSTO

"Que o próprio Deus de paz vos santifique inteiramente. Que todo o espírito, alma e corpo de vocês sejam conservados irrepreensíveis na vinda de nosso Senhor Jesus Cristo"

I Tessalonicenses 5:23.

O homem é formado por corpo, alma e espírito (tricotomia). Corpo: matéria física foi feito para o movimento. Alma: é nossa mente. Espírito conexão com Deus. O Desejo de Deus é que

ESSES TRÊS PILARES ESTEJAM SANTIFICADOS INTEIRAMENTE NELE.

Aplicação na minha vida

Hoje eu vou...

Oração:

Agradecimento:

14. AGOSTO

O choro pode persistir uma noite, mas pela manhã vem a alegria.

Salmos 30:5

Passamos por adversidades e está tudo bem em chorar, mas não podemos nos esquecer que Deus tem a solução para tudo. Não entendemos o motivo pela qual enfrentarmos algumas situações, acredite!

ELE ESTÁ NO CONTROLE DE TUDO.

Aplicação na minha vida

Hoje eu vou...

Oração:

Agradecimento:

15. AGOSTO

Tu me alegras, Senhor, com os teus feitos; as obras das tuas mãos levam-me a cantar de alegria.

Salmos 92:4

Quais obras do Senhor tem feito você cantar de alegria? Faça uma lista com 20 motivos de gratidão.

TRAGA A MEMÓRIA O QUE PODE DAR ESPERANÇA.
Lamentações 3:21

Aplicação na minha vida
Hoje eu vou...

Oração:

Agradecimento:

16. AGOSTO

Encheste o meu coração de alegria, alegria maior do que a daqueles que têm fartura de trigo e de vinho.

Salmos

A verdadeira prosperidade vem de Deus e preencherá seu coração, você se sentirá totalmente satisfeito quando decidir viver a prosperidade que Ele tem para dar. Você será um abençoador

E NÃO TE FALTARÁ PAZ E ALEGRIA NO ESPÍRITO.

Aplicação na minha vida
Hoje eu vou...

Oração:

Agradecimento:

17. AGOSTO

artura vertem as pastagens do deserto,
e as colinas se vestem de alegria.

Salmos 65:12

Mesmo os locais em que não há plantio como no deserto, em Deus o impossível pode acontecer. Ele dá vida aos mortos e chama à existência o que não existe, como se existisse. Romanos 4:17.

FARTURA VERTEM AS PASTAGENS DO SEU DESERTO.

Aplicação na minha vida

Hoje eu vou...

Oração:

Agradecimento:

18. AGOSTO

Aqueles que semeiam com lágrimas, com cantos de alegria colherão.

Salmos 126:5

A benção de Deus é uma promessa que tem uma garantia; Ele fará o que promete cedo ou tarde.

CONTINUE JOGANDO SUA SEMENTE EM TERRA FÉRTIL.

Aplicação na minha vida

Hoje eu vou...

Oração:

Agradecimento:

19. AGOSTO

Disse-lhes mais: Ide, comei as gorduras, e bebei as doçuras, e enviai porções aos que não têm nada preparado para si; portanto não vos entristeçais; porque a alegria do Senhor é a vossa força.

Neemias 8:10

Como você pode ter uma vida alegre quando tudo está desmoronando? Hoje o Senhor te oferece uma alegria que supera as tristezas da vida. Sorria, tudo passa!

A ALEGRIA DO SENHOR É A SUA FORÇA.

Aplicação na minha vida

Hoje eu vou...

Oração:

Agradecimento:

20. AGOSTO

Alegrem-se no Senhor, justos, louvem o seu santo nome.

Salmos 97

Devemos louvar a Deus porque Ele merece. O nosso louvor não pode depender das nossas emoções, porque as nossas emoções mudam, mas Deus é sempre igual, fiel. O verdadeiro adorador louva a Deus em todos os

MOMENTOS, SEJAM QUAIS FOREM AS CIRCUNSTÂNCIAS.

Aplicação na minha vida

Hoje eu vou...

Oração:

Agradecimento:

21. AGOSTO

Alegrem-se na esperança, sejam pacientes na tribulação, perseverem na oração.

Romanos 12:12

A oração é uma das formas de desenvolver intimidade com Deus, ela é uma das principais armas que todo deveriam usar.

SE ESTIVER DIFÍCIL, NÃO DESISTA PERSEVERE NA ORAÇÃO.

Aplicação na minha vida

Hoje eu vou...

Oração:

Agradecimento:

22. AGOSTO

Minha alma se gloriará no Senhor; ouçam os oprimidos e se alegrem.

Salmos 34:2

Temos muitos motivos para exaltar Deus, Ele nos criou, nos ama e cuida de nós. Suas obras são maravilhosas! Fale das suas maravilhas

PARA OS OPRIMIDOS, PLANTE ESPERANÇA NO CORAÇÃO DOS NECESSITADOS.

Aplicação na minha vida

Hoje eu vou...

Oração:

Agradecimento:

23. AGOSTO

Tenho lhes dito estas palavras para que a minha alegria esteja em vocês e a alegria de vocês seja completa.

João 15:11

O mundo tem sede da verdadeira alegria, somos chamados a deixar os rastros dessa alegria por onde passamos. A sua alegria está completa?

HOJE VOCÊ PODE COMPARTILHAR COM ALGUÉM?

Aplicação na minha vida
Hoje eu vou...

Oração:

Agradecimento:

24. AGOSTO

Tu és o meu Deus; graças te darei! Ó meu Deus, eu te exaltarei! Deem graças ao Senhor, porque ele é bom; o seu amor duro para sempre.

Salmos 118:28-2

Exaltar Deus significa colocá-Lo num lugar de honra em nossas vidas. Quando exaltamos Deus, reconhecemos que Ele está acima de todas as coisas.

ELE É BOM, SEU AMOR DURA PARA SEMPRE.

Aplicação na minha vida
Hoje eu vou...

Oração:

Agradecimento:

25. AGOSTO

Mas tu, Senhor, és Deus compassivo e misericordioso, muito paciente, rico em amor e em fidelidade.

Salmos 86:15

O amor de Deus é a maior força que existe, esse amor tem o poder para transformar qualquer situação. O seu problema pode ser grande, mas maior é Deus.

NÃO OLHE O TAMANHO DO SEU PROBLEMA, OLHE PARA O TAMANHO DE DEUS.

Aplicação na minha vida

Hoje eu vou...

Oração:

Agradecimento:

26. AGOSTO

Vejam como é grande o amor que o Pai nos concedeu: sermos chamados filhos de Deus, o que de fato somos! Por isso o mundo não nos conhece, porque não o conheceu.

1 João 3:1

Jesus morreu na cruz por nós, com isso ganhamos o direito de chamar Deus de pai; não existe satisfação maior do que chamar o Criador do mundo de papai, que honra ser filha (o) amada (o) de um Deus tão poderoso.

CHAME POR SEU PAI, CONECTE-SE COM ELE.

Aplicação na minha vida

Hoje eu vou...

Oração:

Agradecimento:

27. AGOSTO

A riqueza e a honra vêm de ti; tu dominas sobre todas as coisas. Nas tuas mãos estão a força e o poder para exaltar e dar força a todos.

1 Crônicas 29:12

Muitas vezes nos faltam forças para enfrentar os desafios e provações do dia a dia. Deus deseja fortalecer e conduzir todos que se achegarem até Ele.

ELE QUER EXALTAR VOCÊ, PORQUE VOCÊ É AMADA (O) POR ELE.

Aplicação na minha vida

Hoje eu vou...

Oração:

Agradecimento:

28. AGOSTO

Porque Deus não nos deu o espírito de medo, mas de força, amor, e de equilíbrio.

2 Timóteo 1:7

Sabemos que o medo faz parte das nossas emoções, sim ele virá. Nossa meta é não deixar esse medo nos sufocar ou nos destruir. Da parte de Deus já recebemos poder, amor e equilíbrio. Traga isso à sua memória e fale em voz alta.

EU TENHO FORÇA, AMOR E EQUILÍBRIO

Aplicação na minha vida

Hoje eu vou...

Oração:

Agradecimento:

29. AGOSTO

Mas, como está escrito: As coisas que o olho não viu, e o ouvido não ouviu, e não subiram ao coração do homem são as que Deus preparou para os que o amam.

1 Coríntios 2:9

Nossos olhos já viram tantas coisas maravilhosas e mesmo assim, Deus ainda nos surpreende com essa citação. Obrigado, Senhor, por tudo que já fez e por tudo que ainda fará,

NOS AJUDE A RECONHECER O TEU AMOR FIEL.

Aplicação na minha vida

Hoje eu vou...

Oração:

Agradecimento:

30. AGOSTO

Tudo posso naquele que me fortalece.

Filipenses 4:13

Esse fortalecimento que Paulo cita em sua carta aos Filipenses está intrinsecamente ligado ao fortalecimento que

VEM DA PARTE DE CRISTO E SOMENTE DELE. QUEM TE FORTALECE?

Aplicação na minha vida

Hoje eu vou...

Oração:

Agradecimento:

31. AGOSTO

Ó minha força, canto louvores a ti; tu és, ó Deus, o meu alto refúgio, o Deus que me ama.

Salmos 59:17

Você foi criado à imagem e semelhança de Deus. Jesus veio à terra e morreu na cruz por amor a você. Essa é a maior prova do seu amor por cada um de nós. Reconheça esse amor,

DIZENDO: JESUS OBRIGADA POR TEU AMOR, FAÇA MORADA EM MIM TODOS OS DIAS.

Aplicação na minha vida

Hoje eu vou...

Oração:

Agradecimento:

O amor é paciente, o amor é bondoso. Não inveja, não se vangloria, não se orgulha. Não maltrata, não procura seus interesses, não se ira facilmente, não guarda rancor. O amor não se alegra com a injustiça, mas se alegra com a verdade. Tudo sofre, tudo crê, tudo espera, tudo suporta.

1 Coríntios 13:4-7.

Acima de tudo, porém, revistam-se do amor, que é o elo perfeito.

Colossenses 3:13-14

SETEMBRO

DECLARAÇÃO PARA
SETEMBRO

Eu escolho o AMOR

Faça sua declaração:

....

....

....

....

....

....

....

....

....

....

....

....

....

....

....

01. SETEMBRO

Sim, coisas grandiosas fez o Senhor por nós, por isso estamos alegres.

Salmos 126:3

Os israelitas responderam que, de fato, o Senhor havia feito grandes coisas por eles e deram glória a Deus. Seu coração estava repleto de alegria, assim deverá ser a atitude de todo cristão. Pois um coração alegre é mais forte e mais preparado para enfrentar os

DESAFIOS DA VIDA E ASSIM EXPERIMENTAR A ALEGRIA MARAVILHOSA DE DEUS

Aplicação na minha vida

Hoje eu vou...

Oração:

Agradecimento:

02. SETEMBRO

Tu me alegras, Senhor, com os teus feitos; as obras das Tuas mãos levam-me a cantar de alegria.

Salmos 92:4

Os cristãos hoje podem louvar ao Senhor por suas dádivas generosas na criação. A adoração deveria fluir naturalmente de um coração que ama o Senhor e aprecia quem Ele é e o que Ele já fez por seu povo.

HOJE É DIA DE VOCÊ ADORAR O SENHOR E ENCHER O SEU CORAÇÃO DE ALEGRIA.

Aplicação na minha vida

Hoje eu vou...

Oração:

Agradecimento:

03. SETEMBRO

Por isso não tema, pois estou com você; não tenha medo, pois sou o seu Deus. Eu o fortalecerei e o ajudarei; eu o segurarei com a minha mão direita vitoriosa.

Isaías 41:10

Nesta passagem, sentimos o amor do Senhor por seu povo e seu desejo de incentivá-lo a

CONFIAR NO FUTURO DE REALIZAÇÕES COM PROSPERIDADE E PAZ.

Aplicação na minha vida

Hoje eu vou...

Oração:

Agradecimento:

04. SETEMBRO

Oro para que, com as suas gloriosas riquezas, Ele os fortaleça no íntimo do se ser com poder, por meio do seu Espírito.

Efésios 3:

Paulo ora para que o homem tenha força espiritual e experiência mais profunda com Cristo. Isso permitirá que os cristãos "compreendam" (alcancem) o grande amor do Senhor, o que resultará em serem "cheios de toda plenitude de Deus".

HOJE ORO PARA QUE VOCÊ SEJA CHEIO DE FORÇA, PROFUNDIDADE E PLENITUDE.

Aplicação na minha vida

Hoje eu vou...

Oração:

Agradecimento:

05. SETEMBRO

Ele fortalece o cansado e dá grande vigor ao que está sem forças.

Isaías 40:29

Deus sabe como nos sentimos, conhece os nossos medos e é capaz de suprir todas as nossas necessidades. Não podemos obedecer a Deus com nossas forças, mas sempre

PODEMOS CONFIAR QUE ELE NOS DARÁ A FORÇA DE QUE PRECISAMOS.

Aplicação na minha vida

Hoje eu vou...

Oração:

Agradecimento:

06. SETEMBRO

Tenho lhes dito estas palavras para que a minha alegria esteja em vocês e a alegria de vocês seja completa.

João 15:11

Nossa permanência em Cristo deve produzir amor, alegria e paz em nosso coração. Uma vez que o amamos, guardamos seus mandamentos, e quando guardamos os seus mandamentos, permanecemos no seu amor e o

EXPERIMENTAMOS DE MANEIRA MAIS PROFUNDA.

Aplicação na minha vida

Hoje eu vou...

Oração:

Agradecimento:

07. SETEMBRO

A luz nasce sobre o justo e a alegria sobre os retos de coração.

Salmos 97:11

Devemos amar a Deus, obedecê-lo, nos alegrar com Ele e dar graças ao seu Nome por todas as suas misericórdias.

O SENHOR PROTEGE SEU POVO AO LONGO DO CAMINHO PÕE ALEGRIA EM SEU CORAÇÃO.

Aplicação na minha vida

Hoje eu vou...

Oração:

Agradecimento:

08. SETEMBRO

Tu, pois, meu filho, fortifica-te na graça que há em Cristo Jesus.

2 Timóteo 2

Não tememos os inimigos, pois Jesus já os venceu. Por meio da nossa identificação com Cristo na morte, no sepultamento e na ressurreição,

CONQUISTAMOS A VITÓRIA, TEMOS VIDA ABUNDANTE.

Aplicação na minha vida

Hoje eu vou...

Oração:

Agradecimento:

09. SETEMBRO

Buscai o Senhor e a sua força; buscai a sua face continuamente.

1 Crônicas 16:11

Deem graças ao Senhor em todo tempo, em todo tempo Ele é bom, o seu amor dura para sempre. Ajunta-nos dentre as nações, para que demos graças ao Teu santo nome e

FAÇAMOS DO TEU LOUVOR A NOSSA GLÓRIA.

Salmos 106:1-47.

Aplicação na minha vida

Hoje eu vou...

Oração:

Agradecimento:

10. SETEMBRO

Alegrei-me com os que me disseram: "Vamos à casa do Senhor!"

Salmos 122:1

Devemos nos alegrar com a oportunidade de louvar o Senhor, e poder entregar diante do

SEU TRONO ADORAÇÃO, BENDIZER O NOME DO NOSSO DEUS PARA SEMPRE.

Aplicação na minha vida

Hoje eu vou...

Oração:

Agradecimento:

11. SETEMBRO

Venham a mim, todos os que estão cansados e sobrecarregados, e eu darei descanso a vocês.

Mateus 11:28

Ele é o descanso que você precisa. Tomem sobre vocês o meu jugo e aprendam de mim, pois sou manso e humilde de coração, e vocês encontraram descanso para as suas almas.

POIS O MEU JUGO É SUAVE E O MEU FARDO É LEVE.

Mateus 11:29-30

Aplicação na minha vida

Hoje eu vou...

Oração:

Agradecimento:

12. SETEMBRO

"O Senhor, teu Deus, está no meio de ti, poderoso para te salvar; ele se deleitará em ti com alegria; calar-se-á por seu amor regozijar-se-á em ti com júbilo."

Sofonias 3:

O povo de Deus canta e exulta por causa de tudo que o Pai fez por ele. Hoje temos vida

PLENA POR CAUSA DO AMOR DE DEUS REVELADO A NÓS EM JESUS CRISTO.

Aplicação na minha vida

Hoje eu vou...

Oração:

Agradecimento:

13. SETEMBRO

"Porquanto, ainda que a figueira não floresça, nem haja fruto na videira; o produto da oliveira minta, e os campos não produzam mantimento e nos currais não haja vacas, todavia, eu me alegrarei no Senhor."

Habacuque 3:17-18

O profeta sabia que muitas pessoas iriam para o exílio e muitas seriam mortas. A terra ficaria em ruínas, Jerusalém e o templo seriam destruídos. No entanto, ele disse: Fiquem firmes e não desistam.

DEVEMOS CONFIAR NO SENHOR COM TODA NOSSA FORÇA.

Aplicação na minha vida

Hoje eu vou...

Oração:

Agradecimento:

14. SETEMBRO

"Far-me-ás ver a vereda da vida; na Tua presença há abundância de alegrias; à Tua mão direita há delícias perpetuamente."

Salmos 16:11

Os deleites do céu estarão muito além de qualquer prazer que tenhamos conhecido aqui na terra. Quando desfrutamos do poder do Senhor não seremos limitados ou impedidos

PELO TEMPO, PELA FRAQUEZA FÍSICA OU PELAS CONSEQUÊNCIAS DO PECADO.

Aplicação na minha vida

Hoje eu vou...

Oração:

Agradecimento:

15. SETEMBRO

A minha graça te basta, porque o meu poder se aperfeiçoa na fraqueza. De boa vontade, pois, me gloriarei nas minhas fraquezas, para que em mim habite o poder de Cristo.

2 Coríntios 12:9

Se a graça de Deus é suficiente para nos salvar, sem dúvida é suficiente para nos guardar e fortalecer em nossos momentos de sofrimento. A graça de Deus permitiu que Paulo não apenas

ACEITASSE SUAS AFLIÇÕES, MAS SE GLORIASSE NELAS.

Aplicação na minha vida

Hoje eu vou...

Oração:

Agradecimento:

16. SETEMBRO

"Até agora, nada pedistes em meu nome pedi e recebereis, para que a vossa alegria se cumpra."

João 16:2

Jesus deixou claro que a oração feita com fé é um dos segredos da vida cristã que dá muitos frutos. A sua oração a Deus evidencia a sua intimidade e dependência Nele.

FALE COM DEUS PARA UMA VIDA PLENA E PRÓSPERA.

Aplicação na minha vida

Hoje eu vou...

Oração:

Agradecimento:

17. SETEMBRO

Tu és o lugar em que me escondo; tu me preservas da angústia; tu me cinges de alegres cantos de livramento.

Salmos 32:7

A transgressão foi levada, a dívida foi cancelada; o que estava torto se endireitou. A alegria da salvação precisa ser experimentada de forma plena.

ASSIM FOI COM DAVI, HOJE É COMIGO E COM VOCÊ.

Aplicação na minha vida

Hoje eu vou...

Oração:

Agradecimento:

18. SETEMBRO

Alegrem-se, porém, todos os que se refugiam em Ti; cantem sempre de alegria! Estende sobre eles a Tua proteção. Em Ti exultem os que amam o Teu nome.

Salmos 5:11

O resultado de nossa comunhão com o Senhor deve ser a alegria em seu carácter,

SUAS PROMESSAS E SUAS BONDOSAS RESPOSTAS DE ORAÇÃO.

Aplicação na minha vida

Hoje eu vou...

Oração:

Agradecimento:

19. SETEMBRO

Tu me farás conhecer a vereda da vida, a alegria plena da tua presença, eterno prazer à tua direita.

Salmos 16:11

Tão magníficas são as glórias do céu que o apóstolo João teve de esquadrinhar a linguagem humana para encontrar palavras para descrevê-las (Apocalipse 21-22). Todos os dias

ELE QUER SE REVELAR A NÓS, BUSQUEMOS A ALEGRIA DA SUA PRESENÇA.

Aplicação na minha vida

Hoje eu vou...

Oração:

Agradecimento:

20. SETEMBRO

Estejam vigilantes, mantenham-se firmes na fé, sejam homens de coragem, sejam fortes.

1 Coríntios 16:13

Sede vigilantes significa simplesmente permaneçam alertas! O inimigo está sempre por perto, e nunca estamos

LIVRES DE SEUS ATAQUES. ESTEJAM VIGILANTES!

Aplicação na minha vida

Hoje eu vou...

Oração:

Agradecimento:

21. SETEMBRO

Mudaste o meu pranto em dança, a minha veste de lamento em veste de alegria.

Salmos 30:11

Davi estava cantando ao Senhor do mais profundo do seu ser. Ele percebeu que estaria cantando louvores a Deus para sempre. Para que o meu coração cante louvores e não se cale.

SENHOR, MEU DEUS, EU TE DAREI GRAÇAS PARA SEMPRE.

Salmos 30:12

Aplicação na minha vida

Hoje eu vou...

Oração:

Agradecimento:

22. SETEMBRO

Quando a ansiedade já me dominava no íntimo, o teu consolo trouxe alívio à minha alma

Salmos 94:19.

Nos dias maus, damos graças por termos o Senhor como nosso refúgio e fortaleza. Mas nós nos escondemos Nele não para nos escapar da responsabilidade, mas para que possamos nos

PREPARAR PARA SEGUIR EM FRENTE E LUTAR CONTRA O INIMIGO.

Aplicação na minha vida

Hoje eu vou...

Oração:

Agradecimento:

23. SETEMBRO

O coração ansioso deprime o homem, mas uma palavra bondosa o anima

Provérbios 12:25

Quando estivermos andando diariamente no Espírito e sendo ensinados pelo Senhor, conheceremos "a palavra que sustém o exausto". Convém atentar ao que diz Provérbios 16:24: "As palavras agradáveis são como um favo de mel, são doces para a alma e trazem cura para os ossos".

A CURA DA ALMA, DO ESPÍRITO E DO CORPO ESTÁ EM JESUS.

Aplicação na minha vida

Hoje eu vou...

Oração:

Agradecimento:

24. SETEMBRO

A alegria do coração transparece no rosto, mas o coração angustiado oprime o espírito

Provérbios 15:13

É impossível não sentir alegria se olharmos para o grande e perfeito amor que Deus tem por nós. E se pensarmos naquilo que Jesus conquistou na cruz para aqueles que creem.

QUE A ALEGRIA DO SEU ROSTO SEJA MAIOR QUE SUAS PALAVRAS.

Aplicação na minha vida

Hoje eu vou...

Oração:

Agradecimento:

25. SETEMBRO

O meu corpo e o meu coração poderão fraquejar, mas Deus é a força do meu coração e a minha herança para sempre.

Salmos 73:26

Que essa seja a confissão do seu coração. Para mim, bom é estar perto de Deus; fiz do Soberano

SENHOR O MEU REFÚGIO; PROCLAMAREI TODOS OS TEUS FEITOS.

Salmos 73:27-28

Aplicação na minha vida

Hoje eu vou...

Oração:

Agradecimento:

26. SETEMBRO

Quando as tuas palavras foram encontradas, eu as comi; elas são a minha alegria e o meu júbilo, pois pertenço a ti, Senhor Deus dos Exércitos.

Jeremias 15:16

Diante dos dilemas e afrontas da vida, nos resta buscar o Senhor e nos escondermos em seus braços de amor.

NO SENHOR TEMOS VIDA PLENA NÃO IMPORTAM AS CIRCUNSTÂNCIAS.

Aplicação na minha vida

Hoje eu vou...

Oração:

Agradecimento:

27. SETEMBRO

Porque a loucura de Deus é mais sábia que a sabedoria humana, e a fraqueza de Deus é mais forte que a força do homem.

1 Coríntios 1:25

Foi na morte de Cristo que Deus revelou a loucura da sabedoria humana e a fraqueza do poder humano. Somos chamados a participar da comunhão por causa da nossa união com Jesus Cristo:

NA CRUZ DE CRISTO RECEBEMOS UMA VIDA PLENA.

Aplicação na minha vida

Hoje eu vou...

Oração:

Agradecimento:

28. SETEMBRO

Mas aqueles que esperam no Senhor renovam as suas forças. Voam alto como águias; correm e não ficam exaustos, andam e não se cansam.

Isaías 40:31

Quando confiamos no Senhor, Ele luta as nossas batalhas. Assim podemos viver a promessa de sermos renovados diariamente.

DO QUE VOAR COMO UMA ÁGUIA EM UM MOMENTO DE CRISE.

Aplicação na minha vida

Hoje eu vou...

Oração:

Agradecimento:

29. SETEMBRO

Pois o Senhor, o seu Deus, os acompanhará e lutará por vocês contra os seus inimigos, para dar a vitória a vocês.

Deuteronômio 20:4

Assim como o Senhor derrotou faraó e seu exército no Egito, Ele luta por você hoje.

A GLÓRIA DAS NOSSAS VITÓRIAS COM UMA VIDA PRÓSPERA É DO SENHOR.

Aplicação na minha vida
Hoje eu vou...

Oração:

Agradecimento:

30. SETEMBRO

Jesus Cristo é o mesmo, ontem, e hoje, e eternamente.

Hebreus 13:8

Alegre o seu coração, Jesus está com você renovando sua esperança Nele. A esperança produz bons efeitos de paz. Se vivemos com confiança, o medo diminui, crescemos na perseverança e somos mais alegres.

PONHA SUA ESPERANÇA EM JESUS.

Aplicação na minha vida
Hoje eu vou...

Oração:

Agradecimento:

Como é bom render graças ao Senhor e
cantar louvores ao teu nome, ó Altíssimo;
anunciar de manhã o teu amor leal e de
noite a tua fidelidade,

Salmos 92:1-2

Deem graças em todas as circunstâncias,
pois esta é a vontade de Deus para vocês
em Cristo Jesus.

1 Tessalonicenses 5:18

OUTUBRO

DECLARAÇÃO PARA

OUTUBRO

Eu escolho a GRATIDÃO

Faça sua declaração:

01. OUTUBRO

"Pois, quando sou fraco, é que sou forte."

2 Coríntios 12:10

Nos momentos mais difíceis que você descobre sua verdadeira força: Você é forte!

"A ALEGRIA DO SENHOR É A VOSSA FORÇA".

Neemias 8.10

Aplicação na minha vida

Hoje eu vou...

Oração:

Agradecimento:

02. OUTUBRO

Entre vocês há alguém que está sofrendo? Que ele ore. Há alguém que se sente feliz? Que ele cante louvores

Tiago 5:13

Esse versículo fala de empatia; que vai além de compreender a dor do outro, a empatia traz consigo a importância do apoio e da compreensão. Quando uma pessoa mostra suas dores, a primeira coisa a ser

FEITA É LHE ESTENDER A MÃO, SE ESTÁ FELIZ CANTE COM ELA.

Aplicação na minha vida

Hoje eu vou...

Oração:

Agradecimento:

03. OUTUBRO

Vocês o amam, mesmo sem o terem visto, e creem n'Ele, mesmo que não o estejam vendo agora. Assim vocês se alegram com uma alegria tão grande e gloriosa, que as palavras não podem descrever.

1 Pedro 1:8

Você confia no que não vê? Confiamos muito mais no que vemos; mas nossa vida depende muito mais do que não vemos, como a gravidade, o ar que respiramos, o fôlego de vida, o Espírito Santo...

BEM-AVENTURADO É VOCÊ QUE CRER SEM VER.

Aplicação na minha vida

Hoje eu vou...

Oração:

Agradecimento:

04. OUTUBRO

Tu me mostras o caminho que leva à vida A tua presença me enche de alegria e m traz felicidade para sempre.

Salmos 16

Deus é a fonte da vida do homem, somente o Próprio Deus tem o caminho de vida que conduz à plenitude e prosperidade.

NÃO SE DISTRAIA POR CAMINHOS QUE NÃO TE LEVARÃO A LUGAR ALGUM.

Aplicação na minha vida

Hoje eu vou...

Oração:

Agradecimento:

05. OUTUBRO

Seja a amabilidade de vocês conhecida por todos. Perto está o Senhor.

Filipenses 4:5

A amabilidade é um dos frutos do Espírito. Qualquer pessoa que ama Deus vai querer ser amável com seu próximo.

ATRAVÉS DO SEU AMOR SEJA UMA TESTEMUNHA DO AMOR DE CRISTO.

Aplicação na minha vida

Hoje eu vou...

Oração:

Agradecimento:

06. OUTUBRO

(...) porque este dia é consagrado ao Senhor; portanto não vos entristeçais; porque a alegria do Senhor é a vossa força.

Neemias 8:10

Alegria é igual à força e tristeza é igual à fraqueza; alegrar-se em momentos adversos é algo espiritual, por este motivo, nossa mente natural não consegue compreender tal atitude; 1 Coríntios 2:14. A alegria é algo gerado pelo Espírito de Deus no nosso espírito; vem diretamente

DE DEUS PARA NÓS.

ALEGRE-SE!

Aplicação na minha vida

Hoje eu vou...

Oração:

Agradecimento:

07. OUTUBRO

Regozijar-me-ei muito no Senhor, a minha alma se alegrará no meu Deus; porque me vestiu de roupas de salvação, cobriu-me com o manto de justiça, como a noiva que se enfeita com as suas joias.

Isaías 61:10

Um dos melhores hábitos que uma pessoa pode cultivar é o hábito da alegria.

1 Tessalonicenses 5:16

"ESTEJAM SEMPRE ALEGRES".

Aplicação na minha vida

Hoje eu vou...

Oração:

Agradecimento:

08. OUTUBRO

Meus irmãos, tende grande alegria quan do cairdes em várias tentações; sabendo que a prova da vossa fé opera a paciência

Tiago 1:2

As provações que passamos nada mais são do que períodos em que somos provados nas áreas em que mais temos dificuldade; é nessa hora que devemos manter nossa fé inabalável. Devemos nos alegrar

POIS SABEMOS QUE É NESSE PERÍODO QUE DEUS CRESCE EM NOSSA VIDA.

Aplicação na minha vida

Hoje eu vou...

Oração:

Agradecimento:

09. OUTUBRO

Os teus testemunhos tenho eu tomado por herança para sempre, isso é a alegria do meu coração.

Salmo 119:11.

A alegria é um bem espiritual que você possui e, como tal, deve ser protegido, desenvolvido e multiplicado em você e também nos que estiverem ao seu redor. Quanto mais alegria desenvolver, mais força

E DISPOSIÇÃO TERÁ PARA LUTAR E VENCER.

Aplicação na minha vida

Hoje eu vou...

Oração:

Agradecimento:

10. OUTUBRO

Ora, o Deus de esperança vos encha de todo o alegria e paz e fé, para que abundeis em esperança pela virtude do Espírito Santo.

Romanos 15:13

Esperança, na Bíblia expressa confiança e segurança em relação ao futuro, porque é baseado em promessas, caráter e a fidelidade de Deus. Esperança é olhar para a frente com um sentimento de expectativa e confiança.

É UMA CERTEZA, E NÃO UMA PROBABILIDADE.

(Salmo 62:5)

Aplicação na minha vida

Hoje eu vou...

Oração:

Agradecimento:

11. OUTUBRO

E o seu Senhor lhe disse: Bem está, servo bom e fiel. Sobre o pouco foste fiel, sobre muito te colocarei; entra no gozo do Teu senhor.

Mateus 25:21

Muitos se protegem dizendo que têm pouco, por isso não fazem nada. Seremos medidos pela medida do que possuímos, muito ou pouco. Deus levará em consideração o seu pouco

E QUANDO UTILIZADO ADEQUADAMENTE TE COLOCARÁ NO MUITO.

Aplicação na minha vida

Hoje eu vou...

Oração:

Agradecimento:

12. OUTUBRO

Então irei ao altar de Deus, a fonte da minha plena alegria. Com a harpa Te louvarei, ó Deus, meu Deus!

Salmos 43:

A alegria é uma virtude espiritual, ela é parte do Fruto do Espírito, como está relatado em Gálatas 5.22, "Mas o fruto do Espírito é: Amor, Alegria...". Então se você deseja ter mais força para enfrentar as

ADVERSIDADES DA VIDA VOLTE-SE PARA DEUS A FONTE DE TODA ALEGRIA.

Aplicação na minha vida

Hoje eu vou...

Oração:

Agradecimento:

13. OUTUBRO

E a esperança não nos decepciona, porque Deus derramou seu amor em nossos corações, por meio do Espírito Santo que ele nos concedeu.

Romanos 5:5

A esperança que tem como fundamento os esforços humanos, conduz à frustração e ilusão. A esperança em Cristo nos faz enfrentar sem medo os desafios e anseios do futuro. Jesus Cristo

É O DEUS DA ESPERANÇA QUE NÃO NOS DECEPCIONA.

Aplicação na minha vida

Hoje eu vou...

Oração:

Agradecimento:

14. OUTUBRO

Peçam e receberão, para que a alegria de vocês seja completa.

João 16:24

Muitas pessoas não conseguem pedir nada a ninguém, nem mesmo a Deus. Essa atitude esconde um profundo egoísmo, disfarçada de humildade. Confesse o seu egoísmo e não se envergonha de ser dependente de Deus,

VOCÊ NÃO É AUTOSSUFICIENTE. NÃO ESQUEÇA, DEUS TEM PRAZER NO DAR!

Aplicação na minha vida

Hoje eu vou...

Oração:

Agradecimento:

15. OUTUBRO

Que o Deus da esperança os encha de toda alegria e paz, por sua confiança nele, para que vocês transbordem de esperança, pelo poder do Espírito Santo.

Romanos 15.13

O Senhor é conhecido como 'o Deus da esperança'. Podemos aprender que é por meio da alegria que a nossa esperança em Deus é transbordada. Viver com o Deus da esperança nos alimenta,

REVIGORA E NOS FAZ VIVER PLENAMENTE O SEU AMOR.

Aplicação na minha vida

Hoje eu vou...

Oração:

Agradecimento:

16. OUTUBRO

Mudaste o meu pranto em dança, a minha veste de lamento em veste de alegria.

Salmos 30:11

Mudança de sorte; isso é o que acontece quando clamamos a Deus. Situações mudam, tristeza se transforma em alegria e

HUMILHAÇÃO SE TRANSFORMA EM GLÓRIA.

Aplicação na minha vida

Hoje eu vou...

Oração:

Agradecimento:

17. OUTUBRO

Alegrem-se, porém, todos os que se refugiam em Ti; cantem sempre de alegria! Estende sobre eles a Tua proteção. Em Ti exultem os que amam o Teu nome.

Salmos 5:11

Apesar do cenário de dor e perseguição que Davi sofria, nada tirava sua confiança na intervenção, bondade e justiça de Deus. A ênfase destes versículos está na proteção de

DEUS PARA AQUELES QUE PERMANECEM FIÉIS A ELE.

Aplicação na minha vida

Hoje eu vou...

Oração:

Agradecimento:

18. OUTUBRO

Tenho-vos dito isso para que a minha alegria permaneça em vós, e a vossa alegria seja completa.

João 15:11

Você é uma pessoa feliz? Como anda a sua alegria no Senhor? Deus tem sido sua fonte primária de amor e felicidade nos momentos de dificuldades?

EM CRISTO PODEMOS DESFRUTAR DA VERDADEIRA ALEGRIA, QUE NOS COMPLETA.

Aplicação na minha vida

Hoje eu vou...

Oração:

Agradecimento:

19. OUTUBRO

"Tu me farás ver os caminhos da vida; na tua presença há plenitude de alegria, na tua destra, delícias perpetuamente."

Salmos 16.11.

Chegou a hora de entender que a alegria é duradoura e satisfaz o coração, não importa o que você esteja passando no momento. O Pai Celestial deseja

QUE VOCÊ SEJA UMA PESSOA VERDADEIRAMENTE ALEGRE E FELIZ.

Aplicação na minha vida

Hoje eu vou...

Oração:

Agradecimento:

20. OUTUBRO

"Justificados, pois, mediante a fé, temos paz com Deus por meio de nosso Senhor Jesus Cristo."

Romanos 5.

Estávamos distantes de Deus e pessoalmente alienados de Sua presença, mas o Senhor nos reconciliou por meio de Seu filho Jesus, nos dando acesso à paz que só Ele tem para dar.

PEÇA PARA QUE O SENHOR TE ENCONTRE COM A PAZ QUE O SEU CORAÇÃO PROCURA.

Aplicação na minha vida

Hoje eu vou...

Oração:

Agradecimento:

21. OUTUBRO

O Senhor, teu Deus, está no meio de ti, poderoso para te salvar; ele se deleitará em ti com alegria; calar-se-á por seu amor, regozijar-se-á em ti com júbilo.

Sofonias 3:17

Neste belíssimo texto encontramos uma das mais lindas declarações de Deus a seus filhos. Ele começa dizendo que está no nosso meio e termina dizendo que nos ama, que se alegra em nós, que fica feliz por nossas vidas.

ACEITE ESSE AMOR EM SEU CORAÇÃO.

Aplicação na minha vida

Hoje eu vou...

Oração:

Agradecimento:

22. OUTUBRO

O que as suas mãos tiverem que fazer, que o façam com toda a sua força, pois na sepultura, para onde você vai, não há atividade nem planejamento, não há conhecimento nem sabedoria.

Eclesiastes 9:10

A vida é agora! O que você precisa fazer não deverá ser deixado para depois.

JÁ QUE VOCÊ VAI FAZER, QUE SEJA COM ALEGRIA.

Aplicação na minha vida

Hoje eu vou...

Oração:

Agradecimento:

23. OUTUBRO

Bendito seja o Deus e Pai de nosso Senhor Jesus Cristo! Conforme a sua grande misericórdia, Ele nos regenerou para uma esperança viva, por meio da ressurreição de Jesus Cristo dentre os mortos.

1 Pedro 1:3

A esperança em Cristo não se limita a este mundo, mas para a eternidade, porque Ele é a nossa esperança eterna. Se a nossa esperança em Cristo só vale para esta vida,

NÓS SOMOS AS PESSOAS MAIS INFELIZES DESTE MUNDO.

1 Coríntios 15:19.

Aplicação na minha vida

Hoje eu vou...

Oração:

Agradecimento:

24. OUTUBRO

Pois é Deus quem efetua em vocês tanto o querer quanto o realizar, de acordo com a boa vontade Dele.

Filipenses 2:13

Nada foge do controle e da vontade de Deus, tudo é permissão Dele, todas as coisas têm um propósito, mesmo que a maioria das vezes não entendamos assim.

NUNCA SE ESQUEÇA QUE A VONTADE DELE É BOA.

Aplicação na minha vida

Hoje eu vou...

Oração:

Agradecimento:

25. OUTUBRO

Não se amoldem ao padrão deste mundo, mas transformem-se pela renovação da sua mente, para que sejam capazes de experimentar e comprovar a boa, agradável e perfeita vontade de Deus.

Romanos 12. 2

A Bíblia diz que a vontade de Deus é boa, perfeita e agradável. Isso significa que o propósito de Deus para todas as coisas reflete sua natureza pura, santa e justa. A boa, perfeita e agradável vontade de Deus se manifesta

ATRAVÉS DE SUA GRAÇA, DE SUAS MISERICÓRDIAS E TAMBÉM DE SUA JUSTIÇA.

Aplicação na minha vida

Hoje eu vou...

Oração:

Agradecimento:

26. OUTUBRO

E eu farei o que vocês pedirem em meu nome, para que o Pai seja glorificado no Filho. O que vocês pedirem em meu nome, eu farei.

João 14:13-14

Qual a sua petição para hoje? Toda petição feita para a glória de Deus será concedida. Não andem ansiosos por coisa alguma, mas em tudo, pela oração e súplicas, e com ação

DE GRAÇAS, APRESENTEM SEUS PEDIDOS A DEUS.

Filipenses 4:6

Aplicação na minha vida

Hoje eu vou...

Oração:

Agradecimento:

27. OUTUBRO

"Sabemos que Deus age em todas as coisas para o bem daqueles que o amam, dos que foram chamados de acordo com o seu propósito."

Romanos 8:28

Você pode não entender a razão do seu sofrimento, não tente entender os desígnios de

DEUS, VIVA POR OBEDIÊNCIA, EM TUDO ELE TEM UM PROPÓSITO ESPECÍFICO.

Aplicação na minha vida

Hoje eu vou...

Oração:

Agradecimento:

28. OUTUBRO

Então as moças dançarão de alegria, como também os jovens e os velhos. Transformarei o lamento deles em júbilo; eu lhes darei consolo e alegria em vez de tristeza.

Jeremias 31:1

O Senhor Deus é aquele capaz de transformar toda dor em alegria. O consolo que você

PROCURA CHEGA ATÉ VOCÊ AGORA.

Aplicação na minha vida

Hoje eu vou...

Oração:

Agradecimento:

29. OUTUBRO

Vocês mesmos são a nossa carta, escrita o nosso coração, para ser conhecida e lida por todos.

2 Coríntios 3:2

Por onde você for, que a sua vida seja uma testemunha do amor de Deus, que você seja uma ponte para que outros conheçam a

FIDELIDADE E BONDADE DE DEUS.

Aplicação na minha vida

Hoje eu vou...

Oração:

Agradecimento:

30. OUTUBRO

Mostra-me, Senhor, os teus caminhos, ensina-me as Tua veredas; guia-me com a Tua verdade e ensina-me, meu Salvador, a minha esperança está em Ti o tempo todo.

Salmos 25:4,5

O Salmo 25 nos ensina o que significa esperar por Deus e Nele confiar. Davi começa com a obediência, pedindo a Deus para ensiná-lo

PELO CAMINHO DE ESPERANÇA EM TODO TEMPO. QUE ASSIM SEJA A SUA ORAÇÃO.

Aplicação na minha vida

Hoje eu vou...

Oração:

Agradecimento:

31. OUTUBRO

"Sejam alegres na esperança, pacientes na tribulação e perseverantes na oração."

Romanos, 12:12

Três coisas que o apóstolo Paulo nos ensina para que permaneçamos fiéis mesmo em momentos de dificuldades. Alegrem-se na esperança,

SEJAM PACIENTES E PERSEVEREM EM ORAÇÃO.

Aplicação na minha vida

Hoje eu vou...

Oração:

Agradecimento:

Quem dá generosamente, vê aumentar suas riquezas; outros retêm o que deveriam dar, e caem na pobreza. O generoso prosperará; quem dá alívio aos outros, alívio receberá.

Provérbios 11:24-25;

Quem é generoso será abençoado, pois reparte o seu pão com o pobre.

Provérbios 22:9

NOVEMBRO

DECLARAÇÃO PARA
NOVEMBRO

Eu escolho FAZER O BEM

Faça sua declaração:

01. NOVEMBRO

Que haja fartura de cereais em toda a terra, crescendo até o alto dos montes. Que as árvores frutíferas sejam como s do Líbano, e que o povo prospere como grama no campo.

Salmos 72:16

Assim seja essa oração na sua vida, nunca se esqueça: "A benignidade do Senhor jamais acaba, as suas misericórdias não têm fim; renovam-se a cada manhã.

GRANDE É A TUA FIDELIDADE"
Lamentações 3:22-33

Aplicação na minha vida
Hoje eu vou...

Oração:

Agradecimento:

02. NOVEMBRO

"O Senhor vosso Deus vai adiante de vós, ele pelejará por vós..."

Deuteronômio 1.30

Não importa onde estivermos e qual a situação que estivermos vivendo, precisamos conhecer o amor de Deus, um Deus que se faz presente e é fiel.

ESTARÁ SEMPRE À NOSSA FRENTE GUARDANDO OS NOSSOS CAMINHOS.

Aplicação na minha vida
Hoje eu vou...

Oração:

Agradecimento:

03. NOVEMBRO

Deus é fidelidade e Nele não há injustiça, antes é justo e reto.

Deuteronômio 32:4

O livro de Deuteronômio nos ensina sobre a obediência aos mandamentos, pois a obediência multiplica a vida do homem sobre a terra, além de orientar seus caminhos.

DEUS É FIEL E ASSIM DESEJA QUE SEJAM OS SEUS FILHOS.

Aplicação na minha vida

Hoje eu vou...

Oração:

Agradecimento:

04. NOVEMBRO

Pois o SENHOR vosso Deus é o Deus dos deuses, e o Senhor dos senhores, o Deus grande, poderoso e terrível, que não faz acepção de pessoas, nem aceita recompensas.

Deuteronômio 10

O povo de Israel tinha suas escolhas, Deus os orientava sobre o certo e o errado, que resultaria em bênção ou maldição (Dt 30:19). Ao ser obedecido, Deus se torna o Senhor do povo,

ELE CRIA UM LAÇO DE AMOR E ABENÇOA TODA UMA GERAÇÃO, ASSIM SERÁ COM VOCÊ.

Aplicação na minha vida

Hoje eu vou...

Oração:

Agradecimento:

05. NOVEMBRO

"Ouve, Israel, o Senhor nosso Deus é único Senhor. Amarás, pois, o Senhor teu Deus de todo o coração, e de toda a tua alma, e de todas as tuas forças".

Deuteronômio 6:4

Deuteronômio é um chamado a obediência à vontade de Deus, Ele é quem nos conduz dia a dia, devemos Ouvi-lo e

OBEDECÊ-LO DE TODO O NOSSO CORAÇÃO.

Aplicação na minha vida

Hoje eu vou...

Oração:

Agradecimento:

06. NOVEMBRO

'Tu me fizeste conhecer os caminhos da vida e me encherás de alegria na tua presença'.

Atos 2:28

A vontade de Deus é que conheçamos o seu caminho, caminhar com Deus é seguir princípios que reverenciam a Sua grandeza e enche a nossa vida de sentido com paz e amor. Respondeu Jesus: "Eu sou o caminho, a verdade e a vida.

NINGUÉM VEM AO PAI, A NÃO SER POR MIM."

João 14:6.

Aplicação na minha vida

Hoje eu vou...

Oração:

Agradecimento:

07. NOVEMBRO

"Ele te amará, te abençoará, te fará multiplicar; também abençoará os teus filhos, e o fruto da tua terra."

Deuteronômio 7:13

Deus te ama! A vontade de Deus é abençoar você, Ele quer que o seu coração o honre em cada momento do seu dia. Escolha honrá-Lo assim

VIVERÁ A VERDADEIRA PLENITUDE QUE ELE TEM PARA OS SEUS.

Aplicação na minha vida

Hoje eu vou...

Oração:

Agradecimento:

08. NOVEMBRO

Conselho sincero, sim queremos! O caminho do insensato parece-lhe justo, mas o sábio ouve os conselhos.

Provérbios 12:15

É o conselho sincero que queremos, mas, às vezes, o conselho de um amigo pode não ser perfume! Pode ser ácido! Mesmo assim não temos nada a perder,

POIS ASSIM COMO O FERRO AFIA O FERRO, O HOMEM AFIA SEU COMPANHEIRO.

Aplicação na minha vida

Hoje eu vou...

Oração:

Agradecimento:

09. NOVEMBRO

Dar resposta apropriada é motivo de alegria; e como é bom um conselho na hora certa!

Provérbios 15:23

Todos nós precisamos ouvir e sermos ouvidos, ajudar e pedir ajuda, dar e receber um bom conselho. "Os planos fracassam por falta de conselho,

MAS SÃO BEM-SUCEDIDOS QUANDO HÁ MUITOS CONSELHEIROS.

Provérbios 15:22

Aplicação na minha vida

Hoje eu vou...

Oração:

Agradecimento:

10. NOVEMBRO

Entristecidos, mas sempre alegres; pobres, mas enriquecendo muitos; nada tendo, mas possuindo tudo.

2 Coríntios 6:10

Paulo teve que pagar um alto preço para ser fiel em seu ministério! No entanto, os coríntios não deram o devido valor ao apóstolo. Entristeceram o coração dele, mas, ainda assim, ele permaneceu "sempre alegre" em Jesus Cristo.

TORNOU-SE POBRE PARA QUE PUDESSEM SER RICOS.

Aplicação na minha vida

Hoje eu vou...

Oração:

Agradecimento:

11. NOVEMBRO

O Senhor é quem dá pobreza e riqueza; ele humilha e exalta.

I Samuel 2:7

O Senhor pode fazer com que sejamos ricos ou pobres, exaltados ou humilhados, pois Ele

SABE O QUE É MELHOR, DESEJA FAZER O MELHOR NA SUA VIDA.

Aplicação na minha vida

Hoje eu vou...

Oração:

Agradecimento:

12. NOVEMBRO

Melhor é o pouco do justo do que a riqueza de muitos ímpios;

Salmos 37:16

Deus sustenta o justo e cuida para que tenham aquilo de que precisam.

ELE SABE QUE AS ARMAS DOS ÍMPIOS VOLTARAM CONTRA ELES MESMOS.

Aplicação na minha vida

Hoje eu vou...

Oração:

Agradecimento:

13. NOVEMBRO

Comigo estão riquezas e honra, prosperidade e justiça duradouras.

Provérbios 8:18

A sabedoria tem dádivas melhores para oferecer do que riquezas perecíveis, bênçãos como prudência, conhecimento, temor do Senhor, humildade, palavras piedosas, sábios conselhos, entendimento, direção quanto ao caminho da vida,

FORÇA PARA A JORNADA E RIQUEZAS DURÁVEIS.

Aplicação na minha vida

Hoje eu vou...

Oração:

Agradecimento:

14. NOVEMBRO

Melhor ter pouco com a presença do Senhor, do que a riqueza distante do Seu amor.

Provérbios 15:16

Não queira um

BOI GORDO ACOMPANHADO DE ÓDIO.

Provérbios 15:17

Aplicação na minha vida

Hoje eu vou...

Oração:

Agradecimento:

15. NOVEMBRO

A recompensa da humildade e do temor do Senhor são a riqueza, a honra e a vida.

Provérbios 22:4

O Senhor pode abençoar o nosso trabalho com riqueza e honra.

DEVEMOS SER CUIDADOSOS PARA NÃO NOS TORNARMOS ORGULHOSOS.

Aplicação na minha vida

Hoje eu vou...

Oração:

Agradecimento:

16. NOVEMBRO

Na mão direita, a sabedoria lhe garante vida longa; na mão esquerda, riquezas e honra.

Provérbios 3:16

Ter coisas que o dinheiro pode comprar é bom, desde que não percamos as coisas que o dinheiro não pode comprar. De que adianta uma casa cara se as pessoas que vivem nela não estão felizes? Felicidade e deleite não são garantias do sucesso, mas são garantias para

A PESSOA QUE VIVE DE ACORDO COM A SABEDORIA DE DEUS.

Aplicação na minha vida

Hoje eu vou...

Oração:

Agradecimento:

17. NOVEMBRO

Mas vocês serão chamados sacerdotes do Senhor, ministros do nosso Deus. Vocês se alimentarão das riquezas das nações, e no que era o orgulho delas vocês se orgulharão.

Isaías 61:6

Você está livre da escravidão; sua dívida foi paga por Jesus.

DEUS TEM VIDA PLENA PARA VOCÊ AINDA NESSE TEMPO.

Aplicação na minha vida
Hoje eu vou...

Oração:

Agradecimento:

18. NOVEMBRO

Conceda-me o Senhor o seu fiel amor de dia; de noite esteja comigo a sua canção. Essa é a minha oração ao Deus que me dá vida.

Salmos 42:8

Pensamentos, sentimentos e palavras são conectadas. Ainda que as palavras não cheguem à sua boca Ele já conhece, mesmo assim Ele deseja ouvir a sua oração, como sinal de dependência e amor por Ele.

FALE COM ELE AGORA!

Aplicação na minha vida
Hoje eu vou...

Oração:

Agradecimento:

19. NOVEMBRO

Ouve, Senhor, a minha oração, dá ouvidos à minha súplica; responde-me por tua fidelidade e por tua justiça.

Salmos 143:1

Deus é justo em tudo que faz, santo e fiel às Suas promessas.

O SENHOR TEM PLANOS DE TE FAZER PROSPERAR EM TUDO.

Aplicação na minha vida

Hoje eu vou...

Oração:

Agradecimento:

20. NOVEMBRO

Concedendo riqueza aos que me amam e enchendo os seus tesouros.

Provérbios 8:2

Como podemos adquirir essa riqueza satisfatória e duradoura? Conhecendo, aceitando a instrução de sabedoria que o Pai tem para seus filhos.

FELIZ O HOMEM QUE TEM SUA VIDA ALINHADA COM A VONTADE DO SEU PAI.

Aplicação na minha vida

Hoje eu vou...

Oração:

Agradecimento:

21. NOVEMBRO

Mediante sua sabedoria e seu entendimento, você granjeou riquezas e acumulou ouro e prata em seus tesouros.

Ezequiel 28:4

O segredo de uma vida próspera passa pelo cuidado e compreensão que tudo vem do Senhor.

SE VOCÊ DESEJA UMA VIDA PLENA, OBEDEÇA AO SENHOR E À SUA PALAVRA.

Aplicação na minha vida

Hoje eu vou...

Oração:

Agradecimento:

22. NOVEMBRO

Pois vocês são povo consagrado ao Senhor, ao seu Deus. Dentre todos os povos da face da terra, o Senhor os escolheu para serem o seu tesouro pessoal.

Deuteronômio 14:2

Estes são privilégios que não merecemos e que nunca poderíamos obter, desfrutamos deles somente por causa do amor e da graça de

DEUS. SOMOS SEU TESOURO PESSOAL!

Aplicação na minha vida

Hoje eu vou...

Oração:

Agradecimento:

23. NOVEMBRO

Jesus respondeu: "Se você quer ser perfeito, vá, venda os seus bens e dê o dinheiro aos pobres, e você terá um tesouro no céu. Depois, venha e siga-me".

Mateus 19:21

Jesus sabia que aquele rapaz era avarento; ele amava as riquezas materiais. Ao pedir que vendesse seus bens, Jesus estava forçando-o a examinar o próprio coração e definir suas prioridades. Apesar de todas as qualidades, o jovem ainda não amava verdadeiramente a Deus de todo coração.

QUAIS TÊM SIDO NOSSAS PRIORIDADES?

Aplicação na minha vida

Hoje eu vou...

Oração:

Agradecimento:

24. NOVEMBRO

Agora, se me obedecerem fielmente e guardarem a minha aliança, vocês serão o meu tesouro pessoal dentre todas as nações. Embora toda a terra seja minha.

Êxodo 19:5

Tudo que temos e somos

É POR CAUSA DO AMOR E FAVOR DE DEUS.

Aplicação na minha vida

Hoje eu vou...

Oração:

Agradecimento:

25. NOVEMBRO

"A palavra de Deus é luz para nosso caminhar, esperança que aquece a nossa alma. "Eu o Senhor falei, e eu o farei".

Ezequiel 17:24

Hoje, o povo de Deus precisa dar ouvidos a esta palavra profética, que é uma luz em nosso mundo em trevas. Assim como Jesus cumpriu a profecia e veio pela primeira vez para morrer pelos pecados do mundo, então ele virá em um

SEGUNDO ADVENTO E REINARÁ SOBRE O SEU REINO JUSTO.

Aplicação na minha vida
Hoje eu vou...

Oração:

Agradecimento:

26. NOVEMBRO

Mas eu sou como uma oliveira que floresce na casa de Deus; confio no amor de Deus para todo o sempre.

Salmos 52:8

O contraste é claro: os ímpios são como árvores arrancadas pelas raízes, mas os fiéis são

COMO OLIVEIRAS QUE FLORESCEM, CHEIAS DE FRUTOS E EXUBERANTES.

Aplicação na minha vida
Hoje eu vou...

Oração:

Agradecimento:

27. NOVEMBRO

Se somos infiéis, Ele permanece fiel, pois não pode negar-se a si mesmo.

2 Timóteo 2:13

Esta "palavra é digna de confiança" provavelmente faz parte de uma declaração anterior de fé recitada pelos cristãos. A fé em Cristo que nos dá a vitória.

NÃO TEMEMOS OS INIMIGOS, POIS JESUS JÁ OS VENCEU. O SENHOR É FIEL.

Aplicação na minha vida

Hoje eu vou...

Oração:

Agradecimento:

28. NOVEMBRO

Apeguemo-nos com firmeza à esperança que professamos, pois aquele que prometeu é fiel.

Hebreus 10:23

Devemos nos aproximar de Deus com confiança, uma vez que o véu foi rasgado hoje temos vida plena, aquele que nos fez a

PROMESSA VAI CUMPRIR SEUS PLANOS EM NÓS.

Aplicação na minha vida

Hoje eu vou...

Oração:

Agradecimento:

29. NOVEMBRO

Que haja fartura de cereais em toda a terra, crescendo até o alto dos montes. Que as árvores frutíferas sejam como as do Líbano, e que o povo prospere como grama no campo.

Salmos 72:16

Assim seja essa oração na sua vida, nunca se esqueça: "A benignidade do Senhor jamais acaba, as suas misericórdias não têm fim; renovam-se a cada manhã.

GRANDE É A TUA FIDELIDADE"

Lamentações 3:22-33

Aplicação na minha vida

Hoje eu vou...

Oração:

Agradecimento:

30. NOVEMBRO

Dar resposta apropriada é motivo de alegria; e como é bom um conselho na hora certa!

Provérbios 15:23.

A importância dos conselhos para aqueles que desejam uma vida próspera: "Os planos fracassam por falta de conselhos, mas são

BEM-SUCEDIDOS QUANDO HÁ MUITOS CONSELHEIROS"

Provérbios 15:22

Aplicação na minha vida

Hoje eu vou...

Oração:

Agradecimento:

A sabedoria oferece proteção, como o faz o dinheiro, mas a vantagem do conhecimento é esta: a sabedoria preserva a vida de quem a possui.

Eclesiastes 7:12

DEZEMBRO

DECLARAÇÃO PARA DEZEMBRO

Eu escolho a SABEDORIA

Faça sua declaração:

....

....

....

....

....

....

....

....

....

....

....

....

....

....

....

01. DEZEMBRO

Coroas o ano com a tua bondade, e por onde passas emana fartura.

Salmo 65:11

O Salmo 65 é uma canção de adoração e gratidão a Deus, que é exaltado por sua bondade e provisão mês a mês, dando um ano de boa colheita. "Tu coroas o ano com Tua bondade". O seu ano ainda não acabou

EXALTE DEUS POR TUDO QUE ELE TEM FEITO, E FARÁ NA SUA VIDA.

Aplicação na minha vida

Hoje eu vou...

Oração:

Agradecimento:

02. DEZEMBRO

Os céus declaram a glória de Deus; o firmamento proclama a obra das suas mãos.

Salmos 19:1

Ver a manifestação da glória de Deus talvez seja o desejo de todos nós, mas o que muitos não sabem é que essa glória está expressa na criação. Tudo que existe expressa a grandeza do Criador, Ele já se revelou a você,

ABRA A JANELA E OLHE PARA OS CÉUS, O PAI SE REVELA A VOCÊ.

Aplicação na minha vida

Hoje eu vou...

Oração:

Agradecimento:

03. DEZEMBRO

Chegue a Ti a minha súplica. Livra-me, conforme a Tua promessa.

Salmos 119:170

A Bíblia contém um total de 8.810 promessas. Cerca 85% delas são de Deus para o homem. Tudo que Ele prometeu irá se cumprir. "Deus não é homem, para que minta; nem filho do homem, para que se arrependa" (Números 23:19).

CONTINUE ACREDITANDO SEU MILAGRE VAI CHEGAR.

Aplicação na minha vida

Hoje eu vou...

Oração:

Agradecimento:

04. DEZEMBRO

De todo o coração suplico a Tua graça; tem misericórdia de mim, conforme a Tua promessa.

Salmos 119:58

Que essa seja a certeza do seu coração... nem uma só palavra falhou de todas as suas boas promessas, feitas por intermédio de Moisés; 1 Reis 8:56.

ELE NÃO FALHA E TUDO TEM UM TEMPO DETERMINADO PARA ACONTECER.

Eclesiastes 3.

Aplicação na minha vida

Hoje eu vou...

Oração:

Agradecimento:

05. DEZEMBRO

Josué ordenou ao povo: "Santifiquem-se, pois amanhã o Senhor fará maravilhas entre vocês".

Josué 3:5

Precisamos nos separar do que nos afasta de Deus. Isso é santificação. Que o próprio Deus da paz vos santifique integralmente. Que todo o vosso espírito, alma e corpo sejam mantidos

IRREPREENSÍVEIS NA VINDA DE NOSSO SENHOR JESUS.

1 Tessalonicenses 5:23

Aplicação na minha vida

Hoje eu vou...

Oração:

Agradecimento:

06. DEZEMBRO

Haverá fartura de leite de cabra para alimentar você e sua família, e para sustentar as suas servas.

Provérbios 27:27

Haverá fartura para você e para todos que estiverem a seu redor, essa é uma promessa de Deus e toda promessa de Deus vem acompanhada de um princípio para você obedecer.

O QUE VOCÊ PRECISA OBEDECER PARA A REALIZAÇÃO DESSA PROMESSA?

Aplicação na minha vida

Hoje eu vou...

Oração:

Agradecimento:

07. DEZEMBRO

Todavia, de acordo com a sua promessa, esperamos novos céus e nova terra, onde habita a justiça e prosperidade.

2 Pedro 3:13

O apóstolo Pedro nos convida a confiar na promessa de que Jesus virá estabelecer novos céus e terra, onde haverá justiça e prosperidade eterna. Tudo aqui é passageiro

ESTAMOS SENDO PREPARADOS PARA A ETERNIDADE.

Aplicação na minha vida

Hoje eu vou...

Oração:

Agradecimento:

08. DEZEMBRO

Amados, visto que temos essas promessa purifiquemo-nos de tudo o que contamina corpo e o espírito, aperfeiçoando a santid de no temor de Deus.

2 Coríntios

Toda promessa é precedida por um mandamento de obediência. Se vocês me amam, guardarão os meus mandamentos. João 14:15

O amor é a raiz; a obediência é o fruto. Se temos promessas teremos

PRINCÍPIOS PARA SEREM SEGUIDOS.

Aplicação na minha vida

Hoje eu vou...

Oração:

Agradecimento:

09. DEZEMBRO

O teu reino é reino eterno, e o teu domínio permanece de geração em geração. O Senhor é fiel em todas as suas promessas e é bondoso em tudo o que faz.

Salmos 145:13

A palavra "bom" aparece pelo menos sete vezes na descrição da criação, isso reflete o Seu caráter de bondade. Como na criação tudo que Ele faz hoje é bom! Senhor, trata com bondade

OS QUE FAZEM O BEM, OS QUE TÊM CORAÇÃO ÍNTEGRO.

Salmos 125:4

Aplicação na minha vida

Hoje eu vou...

Oração:

Agradecimento:

10. DEZEMBRO

"Bendito seja o Senhor, que deu descanso a Israel, seu povo, como havia prometido. Não ficou sem cumprimento nem uma das boas promessas que Ele fez por meio do seu Servo Moisés".

1 Reis 8:56

Como é bom falar das promessas de Deus, sabendo que elas são infalíveis; porém você precisa levar em consideração que algumas promessas são condicionais, isto é, dependem da sua reação.

O QUE ELE TE PROMETEU? HOJE PODE SER O DIA...

Aplicação na minha vida

Hoje eu vou...

Oração:

Agradecimento:

11. DEZEMBRO

Satisfarei os sacerdotes com fartura; e o meu povo será saciado pela minha bondade", declara o Senhor.

Jeremias 31:14

A BONDADE DE DEUS É ETERNA, INFINITA E ABUNDANTE;
uma forma de demonstração do amor de Deus para todo o mundo. (1 João 4:7-8) Ele continua sendo bom (Lamentações 3.25

Aplicação na minha vida
Hoje eu vou...

Oração:

Agradecimento:

12. DEZEMBRO

O Deus de seu pai, o Todo-poderoso, aj[ude] da você, o abençoa com bênçãos dos alto[s] céus, bênçãos das profundezas, bênçãos d[a] fertilidade e da fartura.

Gênesis 49:

O Todo-poderoso ajudará você com fertilidade e prosperidade, o que mais você precisa? Peça a Deus que é um Pai perfeito, quer te abençoar por completo. 3 João 1:2. Amado, desejo que te vá bem em todas as coisas,

E QUE TENHAS SAÚDE, ASSIM COMO BEM VAI A TUA ALMA.

Aplicação na minha vida
Hoje eu vou...

Oração:

Agradecimento:

13. DEZEMBRO

"Farei de você um grande povo, e o abençoarei. Tornarei famoso o seu nome, e você será uma bênção.

Gênesis 12:2

Chegada a hora de compreender e apropriar de cada promessa que Deus fez, Fiel é quem promete. "Não quebrarei a minha

ALIANÇA, NÃO ALTERAREI O QUE SAIU DOS MEUS LÁBIOS".

Salmos 89:34

Aplicação na minha vida

Hoje eu vou...

Oração:

Agradecimento:

14. DEZEMBRO

O Senhor disse a Moisés: "Farei o que me pede, porque tenho me agradado de você e o conheço pelo nome".

Êxodo 33:17

Você pode até não conhecer Deus, mas Ele te conhece e sabe o seu nome. "Antes mesmo de te formar no ventre materno, Eu te escolhi; antes que viesses ao mundo,

EU TE SEPAREI E TE DESIGNEI PARA A MISSÃO DE PROFETA PARA AS NAÇÕES! "

Jeremias 1:5

Aplicação na minha vida

Hoje eu vou...

Oração:

Agradecimento:

15. DEZEMBRO

Toda vez que o arco-íris estiver nas nuvens, olharei para ele e me lembrarei da aliança eterna entre Deus e todos os seres vivos de todas as espécies que vivem na terra".

Gênesis 9:16

O arco-íris serve como lembrança de uma aliança feita por Deus com o homem, aliança que indicava que Deus não voltaria a enviar um dilúvio para destruir a Terra. Hoje é o símbolo da esperança, Deus nos lembrando da sua aliança e amor.

ESSA É A PAZ QUE DESEJAMOS PARA TODO O MUNDO.

Aplicação na minha vida

Hoje eu vou...

Oração:

Agradecimento:

16. DEZEMBRO

Sempre estive com você por onde você andou, e eliminei todos os seus inimigos. Agora eu o farei tão famoso quanto os homens mais importantes da terra.

2 Samuel 7:9

Você nunca esteve sozinho, nunca estará; por mais que, às vezes se sinta só; nem sempre o que você sente condiz com a realidade.

"EIS QUE ESTOU CONVOSCO TODOS OS DIAS, ATÉ O FIM DOS TEMPOS."

Mateus 28:20

Aplicação na minha vida

Hoje eu vou...

Oração:

Agradecimento:

17. DEZEMBRO

Então você terá no Senhor a sua alegria, e eu farei com que você cavalgue nos altos da terra e se banqueteie com a herança de Jacó, seu pai. "Pois é o Senhor quem fala".

Isaías 58:14

Alegre-se no Senhor e viva a promessas que Ele tem para você. Assim como foi fiel a Jacó

SERÁ A VOCÊ, ELE NÃO MUDOU.

Aplicação na minha vida
Hoje eu vou...

Oração:

Agradecimento:

18. DEZEMBRO

"Eu sou Deus, o Deus de seu pai", disse ele. "Não tenha medo de descer ao Egito, porque lá farei de você uma grande nação.

Gênesis 46:3

Onde estiver o nosso desafio ali estará a nossa vitória, se você estiver com medo ore como o salmista;

"MAS EU, QUANDO ESTIVER COM MEDO, CONFIAREI EM TI Ó SENHOR".
Salmos 56:3

Aplicação na minha vida
Hoje eu vou...

Oração:

Agradecimento:

19. DEZEMBRO

Eu farei de você uma muralha de bronze fortificada diante deste povo; lutarão contra você, mas não o vencerão, pois estou com você para resgatá-lo e salvá-lo", diz o Senhor.

Jeremias 15:20

Muitas pessoas tendem a dar mais valor às críticas do que aos elogios, valorizam a repreensão muito mais do que a palavra de esperança. "pois estou com você declara o Senhor". Suas decisões a partir

DE AGORA SERÃO BASEADAS NESSA AFIRMATIVA.

Aplicação na minha vida
Hoje eu vou...

Oração:

Agradecimento:

20. DEZEMBRO

Esta é a minha aliança com eles, diz o Senhor. O meu Espírito que está em você e as minhas palavras que pus em sua boca não se afastarão dela, nem da boca dos seus filhos, desde agora e para sempre.

Isaías 59:2

Deus é um Deus de aliança, assim foi no passado, hoje Jesus quer estabelecer uma nova aliança.

JESUS QUER UMA ALIANÇA ETERNA COM VOCÊ.

Aplicação na minha vida
Hoje eu vou...

Oração:

Agradecimento:

21. DEZEMBRO

Acima de tudo, porém, revistam-se do amor, que é o elo perfeito. Que a paz de Cristo seja o juiz em seu coração, visto que vocês foram chamados para viver em paz, como membros de um só corpo.

Colossenses 3:14

O amor é o elo perfeito porque "une perfeitamente todas as coisas" esse amor-perfeito encontramos em Jesus,

COM ELE SOMOS CAPAZES DE AMAR O SEU AMOR.

Aplicação na minha vida
Hoje eu vou...

Oração:

Agradecimento:

22. DEZEMBRO

Mas aqueles que esperam no Senhor renovam as suas forças. Voam alto como águias; correm e não ficam exaustos, andam e não se cansam.

Isaías 40:31

Esperar é um verbo que não gostamos de conjugar, porém os que esperam no Senhor tem a garantia de suas forças renovadas. "Ó minha alma, espera somente em

DEUS, PORQUE DELE VEM A MINHA ESPERANÇA."

(Salmo 62:5).

Aplicação na minha vida
Hoje eu vou...

Oração:

Agradecimento:

23. DEZEMBRO

"Sonda-me, ó Deus, e conhece o meu coração; prova-me e conhece os meus pensamentos. E vê se há em mim algum caminho mau e guia-me pelo caminho eterno."

Salmos 139:23-24

O coração do homem é enganoso, só Deus conhece a intenção do nosso coração e pode nos conduzir pelo bom caminho. Tudo em nós, precisa estar alinhado com a santidade de Deus,

ASSIM VIVEREMOS UMA VIDA PLENA E PRÓSPERA.

Aplicação na minha vida

Hoje eu vou...

Oração:

Agradecimento:

24. DEZEMBRO

Em tudo dai graças; porque esta é a vontade de Deus em Cristo Jesus para convosco.

1 Tessalonicenses 5:1

Este versículo nos dá uma referência de como devemos nos relacionar com Deus: com um coração grato em todo tempo. Deem graças ao Senhor

PORQUE ELE É BOM; O SEU AMOR, DURA PARA SEMPRE.

Salmos 106:1

Aplicação na minha vida

Hoje eu vou...

Oração:

Agradecimento:

25. DEZEMBRO

"Como é feliz quem teme ao Senhor, quem anda em seus caminhos! Você comerá do fruto do seu trabalho, e será feliz e próspero."

Salmos 128:1-2

Felicidade, plenitude e prosperidade estão disponíveis para todos os que temem ao Senhor. "O temor do SENHOR é o

PRINCÍPIO DA SABEDORIA, E O CONHECIMENTO DO SANTO É ENTENDIMENTO".

Provérbios 9:10

Aplicação na minha vida

Hoje eu vou...

Oração:

Agradecimento:

26. DEZEMBRO

"Guardai, pois, as palavras desta aliança e cumpri-as, para que prospereis em tudo quanto fizerdes"

Deuteronômio 29:9

A palavra aliança é muito conhecida na Bíblia, aparece 299 vezes entre o velho e novo testamento. Simboliza acordo, tratado, contrato, união entre duas partes. Se você quer ser próspero mantenha firme sua

ALIANÇA DE AMOR E FIDELIDADE A DEUS.

Aplicação na minha vida

Hoje eu vou...

Oração:

Agradecimento:

27. DEZEMBRO

"Faço com vocês uma aliança", disse o Senhor. "Diante de todo o seu povo farei maravilhas jamais realizadas na presença de nenhum outro povo do mundo".

Êxodo 34:10

Deus que é pai, faz uma aliança com você, de trazer prosperidade jamais vista, de uma forma que todos verão.

AQUILO QUE NINGUÉM PODE FAZER TE ALCANÇA SE ASSIM VOCÊ CRÊ.

Aplicação na minha vida

Hoje eu vou...

Oração:

Agradecimento:

28. DEZEMBRO

Deem ouvidos e venham a mim; ouçam-me, para que sua alma viva. Farei uma aliança eterna com vocês, minha fidelidade prometida a Davi.

Isaías 55:3

Davi, ouvia a voz de Deus, almejava a Sua presença mais que todas as coisas, viveu todas as promessas, marcou o nome na história. Agora é a nossa vez, ouça o que o Pai tem falado a você

PARA QUE VOCÊ VIVA A PLENITUDE E PROSPERIDADE QUE ELE TEM TE PROMETIDO.

Aplicação na minha vida

Hoje eu vou...

Oração:

Agradecimento:

29. DEZEMBRO

Agora, pois, se diligentemente ouvirdes a minha voz e guardardes a minha aliança, então sereis a minha propriedade peculiar entre todos os povos, porque toda a terra é minha.

Êxodo 19:5

Enquanto os filhos de Israel estavam no Monte Sinai, o Senhor fez-lhes promessas, cujo cumprimento dependeria da obediência deles. O Senhor os escolheu para

QUE CUMPRISSEM SEUS MANDAMENTOS E VIVESSEM EM PROSPERIDADE.

Aplicação na minha vida

Hoje eu vou...

Oração:

Agradecimento:

30. DEZEMBRO

Confia no SENHOR e faze-o bem; habitarás na terra e, verdadeiramente, serás alimentado. Deleita-te também no SENHOR, e ele te concederá o que deseja o teu coração.

Salmos 7:3

Aí está o segredo para a realização de seus desejos; amar a Deus. Quando amamos Deus sobre todas as coisas, Ele se torna o desejo de nosso coração. Quando Deus está em primeiro lugar, nossos

DESEJOS SE SUBMETEM E ALINHAM-SE COM OS DESEJOS DE DEUS.

Aplicação na minha vida

Hoje eu vou...

Oração:

Agradecimento:

31. DEZEMBRO

Mas os mansos herdarão a terra, e se deleitarão na abundância de paz.

Salmos 37:11

O tema principal do Salmo 37 pode ser resumido numa única pergunta: Por que os homens maus prosperam, enquanto os justos sofrem? A resposta é: Confie no Senhor e não se impressione com os perversos Salmo 37:1-6. Descansa no Senhor, Salmos 37:7b.

PARA SUA VIDA PAZ, PROSPERIDADE E PLENITUDE NO ESPÍRITO.

Aplicação na minha vida
Hoje eu vou...

Oração:

Agradecimento:

REFLEXÃO:

Como foi o seu ano?

Vamos recomeçar?

Descreva seus novos sonhos abaixo.